相続専門税理士のデータ分析でわかった！

開業医の「やってはいけない」相続

税理士法人レガシィ

青春出版社

はじめに

どんなご家庭でも、相続は発生します。

私たちは相続専門の税理士法人として、これまで1万3800件を超える相続をお手伝いさせていただいてきましたが、そのご家庭によって相続で押さえるべきポイントは違ってきます。

なかでも、開業医である医師・歯科医師の相続というのは、非常に特殊です。

一般的な相続では、預金や不動産などを受け継いでいくものですが、開業医の場合はそれだけではありません。クリニック（診療所）・病院などの建物や設備はもちろん、患者さんまでも受け継いでいかなければならないのです。それだけに、相続が発生する以前から、施設の老朽化対策や設備投資はもちろん、跡取りをどうするかといったことまで考える必要があります。

相続に関しては、医師仲間からさまざまな話を見聞きしているかと思います。ですが、その実態はどうなっているのでしょうか。

私たちは相続に関するさまざまなデータを取り続けてきましたが、今回は医師・歯科医師に特化したデータの分析をおこないました。図表1を見るとわかるように、医師のデータと全体のデータではさまざまな違いがあります。そこでデータ分析を通してわかった相続の傾向や、効果的な相続対策について解説していきます。

また、新しいトピックとしては、近々開業医の相続税が変わる可能性があります。

毎年の税制改正の内容を、あらかじめ法案提出前に周知させるために公開される2019年の自民党税制改正大綱で、ちょうど今、個人事業者向けの新たな事業承継税制を創設しようとする動きがあるのです。

すでに法人を対象とした税制には、自社株式の相続・贈与があった場合の事業承継者の税負担を軽減する目的で2009年に創設された納税猶予制度があります。これは2018年の改正で拡充されたばかりですが、さらに個人事業者にも拡大しようとするものです。

具体的には、事業用の宅地（限度面積400㎡）・建物（同800㎡）・一定の減価償却資産の相続・贈与があった場合を対象に、各々の課税価格算入額の全額に対応する相続

【図表1】比べてわかる！　開業医の相続の実態

（税理士法人レガシィ調べ）

項目	開業医	全体	備考
平均財産	3億3,400万円	1億3,700万円	収入が多いので 財産も多い
財産の内訳(%)・土地建物	28%	54%	
同族株(配当・その他)	5%	2%	
上場有価証券	24%	13%	株をやっている人が多い
生命保険金	9%	3%	
退職金手当金	4%	1%	
現金預金	24%	31%	
その他	16%	9%	保険診療の 未収金などがある
債務	-10%	-13%	
相続税額3,000万円以上	51%	14%	相続税は高めだが、現金で支払っている。相続した預金や自分の預金での納付が多い
現金納付(金額ベース)	100%	99%	
相続の預金での現金納付	76%	84%	
被相続人平均年齢	78歳	83歳	激務のためか、相続が 発生する時期が早い
被相続人年齢・69歳未満	30%	11%	
90歳以上	13%	29%	
遺言書あり	27%	10%	遺言書を用意している 人は若干多い
相続人の数	3.23人	2.76人	子どもは多いが、養子縁組をしている人はほとんどいない
養子あり	0%	9%	
本家相続の割合	48%	62%	本家（長男）に相続させるという意識は高くない
配偶者税額軽減40%以上	65%	57%	

税・贈与税の納税を猶予するものとなる見込みです。

ただし、この特例は10年間の時限措置とされています。また、土地の相続の際には小規模宅地等の特定事業用宅地等の評価減の特例との選択適用になること、法人の事業承継税制と同様、あらかじめ承継計画を作成して経済産業省の確認を受ける必要があること、申告後、終身の事業・資産保有の継続要件が設けられることなど、その適用上クリアしなければならない留意点がいくつかあります。

とはいえ、この制度の創設によって税負担が大幅に軽減されれば、現状、一般診療所の42%、歯科診療所の79%を占め、将来の適用対象者が10万人近くもいる開業医の皆様にとっては朗報です。後継者への事業承継は、今よりはるかに円滑になるからです。

開業医というのは、患者さんの診察に加え、研究や経営などでも時間を取られ、なかなか相続対策に取り組む余裕がないというのが実情ではないでしょうか。

しかし、相続のことは気にかかる。最低限、どんなことをやっておけばいいのか——本書はそんな開業医の先生方のために、これだけは知っておいていただきたいポイントをまとめました。本書が円満相続のお役に立てれば、こんなに嬉しいことはありません。

『相続専門税理士のデータ分析でわかった！
開業医の「やってはいけない」相続』

目次

第1章

相続の視点から見た クリニック経営のポイント

第2章

クリニックをどう引き継ぐか？ やってはいけない「医業承継」

第3章

節税のつもりが逆効果!? やってはいけない「開業医」の相続対策

第4章 相続のプロが教える「医師・歯科医師」ならではの相続のヒント

第5章

目には見えない財産――「親の幸福を相続していく」ということ

カバー写真 Africa Studio/Shutterstock.com
本文デザイン ベラビスタスタジオ
編集協力 樋口由夏

序章

相続の現場を見てきてわかった
医師と歯科医師の相続の特徴

その相続税対策が、モメ事のはじまりに⁉

医師に限らず、「相続税対策」といえば、間違いなくほとんどの人がイコール「節税対策」だと思っています。

特に医師の場合は資産が多く、相続税が高くなることがほとんどです。この本を手に取った方（多くは医師か、そのご家族でしょう）も、いかに相続税を安くするか、そのノウハウが書かれていると思っているのではないでしょうか。

もちろん、節税対策の方法はいろいろあります。本書に限らず、節税対策や相続税対策については、さまざまな本やネットにも情報があふれています。

ただ、相続専門の税理士法人として、医師だけでなく多くの現場を知っている私たちから見ると、そういった情報は、たとえ税金が安くなるとしても、「机上の空論」に過ぎず、実際の相続の現場では難しいものが多いのです。

また、相続には「心情」が大きくかかわってきます。そのため、節税対策のテクニックだけではうまくいかないことは往々にしてあります。さらにいえば、相続税が心配だからと節税対策をしようとしたことが、かえって裏目に出てしまうこともあるのです。

実際に私たちが経験したケースで、具体的に説明しましょう。

【ケース1】親が生命保険に入り、その保険金を子どもに相続させる

父親が医師で、長男が医師、次男は会社員というケースも多いでしょう。そのような場合、医院を継ぐことになる長男に財産の多くが行ってしまいます。すると、会社員である次男が受け取る財産に差がついてしまい、きょうだいがモメる原因になります。

そこで、きょうだい間のモメ事を防ぐための相続税対策として、父親が生命保険に入っておくことをすすめる場合があります。

どういうことかというと、現在院長である父親が被保険者、医療法人を契約者として生命保険に入り、そのお金を父親の死亡退職金とし、受取人を次男とする方法です。財産が少なくなる次男のために、生命保険が下りるようにしておくという対策です。

なるほど、それならきょうだいもモメないだろう――そう納得した方がいたら、ちょっと

待ってください。

確かに、机上ではその通りですし、正しい方法でしょう。でも現実的に、子どもたちがモメないように生命保険に入っておく父親はどれくらいいるでしょうか。

ここでいう「父親」の年齢はおそらく70代、80代になりますが、自分の命を担保にそこまで対策をしてくれる親はまずいません。

一般的に世帯主である父親が生命保険に入るのは、子どもがまだ幼かったり、妻が専業主婦だったりした場合でしょう。誰が好きこのんで、70歳、80歳になって子どものために生命保険に入るでしょうか。

ましてや、息子のほうから、「モメないように生命保険に入っておいてよ」などとはいえません。医師ではない次男が「兄貴ばかり優遇されて、公平ではない」などといってしまったら、どうでしょうか。いわれたほうの父親の身になってみればわかることです。

万が一、父親に「次男にも何か遺(のこ)したいんだが、いい方法はないか」と聞かれたら、生命保険の話をしたり、預金を残す方法を提案することはあるかもしれませんが、子どもからそれを頼むのはもってのほかですし、あまりに現実とかけ離れています。

【ケース2】一次相続は母親ではなく、子どもにたくさん相続させる

父親が亡くなったときの相続としてよくいわれるのが、「一次相続を母親にさせると相続税が高くなるから損」というものです。

どういうことか説明しましょう。

一般的に1つの家族に、相続は2回やってきます。これは開業医であっても家族がある以上、同じです。それぞれ「一次相続」「二次相続」といいます。

一次相続とは、両親の一方（多くは父親）が亡くなったときに発生する相続、二次相続はそのあと、残された配偶者（多くは母親）が亡くなったときに発生する相続です。

ここでは、医師である父親が亡くなったときの一次相続についてのケースです。よく雑誌や書籍には、「一次相続は妻である母親ではなく、子どもに相続させるほうが得である」「一次相続で子どもたちが多く相続するほうが有利だ」と書いてあります。

確かに資産の規模が大きい医師の家庭では、二次相続の相続税が重くなるので、一次相続のうちに子どもたちに財産を相続したほうが、節税になります。

法定相続分は、一次相続では配偶者が2分の1、残りの2分の1を子どもたちが均等に分けることになっています。節税のことを考えたら、配偶者の相続を少なくして、子どもたちの相続分を多くしたほうが、計算上は正しいのです。

しかし、これもまた「机上の空論」といわざるを得ません。

なぜなら、お父さん亡きあとのお母さんの生活というものを、まったく考慮していないからです。

父親が亡くなったときに発生する一次相続と、母親が亡くなったときに発生する二次相続のあいだには、実に18年もあることがわかっています（税理士法人レガシィ調べ・2014年〜2017年の平均値）。これは、夫が亡くなってから妻が亡くなるまで18年という長い時間があるということです。

一次相続が終わればすぐ二次相続がやってくると思ったら大間違いです。となれば、父親亡きあとの母親の生活を考慮して相続をすることが非常に重要になってきますし、もっといってしまえば、モメにくくなるのです。

ですから私たちは、「一次相続はすべて配偶者（母親）に」と常々お話ししています。世間一般でいわれている「一次相続は子どもに多く」という考えは、現実的ではないのです。

データでわかった「医師の相続」の傾向

私たちは常に現実的なアドバイスをするためにいろいろなデータを取り、相続の傾向について調べています。

相続全体はもちろん、医師・歯科医師に特化したデータも取り続けてきています。

そこでわかったことがあります。

一般的な相続税対策本などでいわれていることや、医師の相続に対するイメージは、現実とはかけ離れているということです。以下、私たちのデータを元にして、医師・歯科医師の相続についての傾向を具体例とともに紹介しましょう。

①相続税の平均は3000万円以上

図表2は、相続税額はどのくらいかを調べたデータです。上が医師だけのデータ、下が全体のデータです。

相続税が3000万円以上の人は、相続全体では14％ですが、医師のほうは51％と半数以上です。やはり医師の相続税は高めであるといえますし、ひと言でいえば、世の中のイメージ通り、やはり医師は資産家なのです。

私たちの実感でいえば、社会保険のなかに組み込まれた医療保険制度がある医師という職業はある意味、特殊な世界です。これはほかの業種にはないものです。これから高齢者の人口は増える一方ですから、当然、病院のお世話になる人も増えていきます。とても恵まれた職業といえるでしょう。

もちろん、医師のなかには「恵まれているわけではない」という人もいるかもしれません。ただそうはいっても、ほかの職業と比べれば非常に恵まれていることだけは確かです。だからこそ、相続対策が必要だといえます。

しかしながら、私たちが日頃接していてもわかりますが、医師というのはとにかく多忙です。忙しいなかで相続対策までおこなうのは億劫（おっくう）、というのが正直なところでしょう。

②相続発生時期が平均より早い

次に、相続が発生する時期です。

【図表２】相続税の金額（税理士法人レガシィ調べ）

開業医のデータ

相続税金額（円）	割合（%）
～1,000万	38
1,000万～2,999万	11
3,000万～5,999万	18
6,000万～1億9,999万	29
2億以上	4
合計	100

全体のデータ（2014～2017年の4年平均）

相続税金額（円）	割合（%）
～1,000万	70
1,000万～2,999万	16
3,000万～5,999万	6
6,000万～1億9,999万	6
2億以上	2
合計	100

「開業医の相続」は
3,000万円以上が半数を占めている

意外なことに、相続全体の平均と比べると、医師の場合は相続の発生が早い傾向にあります。

69歳以下で区切ってみると、全体では11％であるのに対し、医師の場合は30％と倍以上の高さです（図表3）。

相続は、80代で発生するのが一般的です。それと比べると、70歳になる前に相続が発生する可能性も十分にあるということを頭に入れておく必要があるでしょう。

これはどのようなことを意味しているかというと、被相続人となる父親（夫）である医師が、十分な相続の準備ができないうちに亡くなる可能性が高いということです。

医師は誰もが認めるハードワーカーです。命がかかわっていることですから、あと回しになどできません。志の高い方ほどそうでしょう。昼夜を問わず、場合によっては休暇もほとんど取らず、まさに命を削って働いている先生もたくさんいらっしゃるということなのでしょう。

③遺言書が多い

遺言書とは、亡くなった人の意思を示したものです。

【図表３】被相続人の年齢（税理士法人レガシィ調べ）

開業医のデータ

年齢（歳）	男性（%）	女性（%）	全体（%）
～59	12	0	10
60～69	24	0	20
70～79	16	20	17
80～89	36	60	40
90～	12	20	13
合計	100	100	100

全体のデータ（2017 年）

年齢（歳）	男性（%）	女性（%）	全体（%）
～59	5	2	4
60～69	9	4	7
70～79	18	13	16
80～89	45	42	44
90～	23	39	29
合計	100	100	100

69 歳以下の男性では、
全体データが 14%なのに対し、
開業医は 36%と高くなっている

資産の持ち主であった人が、自分の資産をどう分けるかを書き遺したものです。相続をスムーズに進めるためには、欠かすことのできないのが遺言書。しかし実際に書いている人はごく少数です。

全体のデータでは「遺言書あり」が10％。比較的遺言書が多いとされる資産家（課税価格が5億円以上）の場合でも、20％となっています。

では、医師の場合はどうでしょうか。

「遺言書あり」は27％と、一般的な資産家と比べても高めの数字でした（図表4）。

その理由について、私たちの推測を述べます。

おそらく、医師という仕事上、普通の人よりも死と向き合う機会が多いからではないでしょうか。医師によっては、余命について患者さんやそのご家族にお話しする機会もあるでしょう。ですから、死を受け入れやすい面があるのかもしれません。

通常、遺言書が少ないのは、いくつか理由があります。手続きに手間がかかり、法的に効力のある遺言書を遺すことが億劫なこと。そして何より大きな理由は、自分が死ぬことを前提にして何かをすることは、気が進まないからです。人間はいくつになっても、自分の死を見つめたくはないものです。

【図表４】遺言書の有無（税理士法人レガシィ調べ）

開業医のデータ

遺言書	割合（%）
あり	27
なし	73
合計	100

全体のデータ
（2014～2017年の４年平均）

遺言書	割合（%）
あり	10
なし	90
合計	100

命に向き合う機会が多いためか、
開業医は遺言書を用意している人が多い

一方で医師という職業は、その部分での抵抗が、普通の人よりは少ないのかもしれません。

④「均分相続」が多い

今や「本家」「分家」という意識は古いと思われるかもしれませんが、相続の世界では、いまだに本家相続が根強く残っていることがあります。

戦前の日本では本家が実家を相続することに決まっていました。この「本家相続」は、戦前の旧民法にも規定されています。

一方、戦後の民法に定められているのが「均分相続」です。「均分相続」とは、きょうだいが遺産を平等に分けることです。

【図表5】本家相続と均分相続（税理士法人レガシィ調べ）

開業医のデータ

本家・均分	割合（%）
本家相続（長男または他の人中心）	48
均分相続	52
合計	100

全体のデータ
（2014～2017年の4年平均）

本家・均分	割合（%）
本家相続（長男または他の人中心）	62
均分相続	38
合計	100

開業医は
「本家」に相続財産を集中させるより、
均等に分けようとする人が多い

本家相続と均分相続について、全体のデータでは本家相続が62%、資産家ではさらに増えて73%。いまだに多いのがわかります。

では医師のデータではどうでしょう。本家相続が48%であるのに対して、均分相続が52%と、均分相続のほうが上回っています（図表5）。これは非常に意外な結果でしたが、実情を考えてみると、納得できる面もあります。

どういうことかというと、一般的な資産家の場合は、本家相続に土地がかかわってくるので、一度に何人も継げるわけではありません。

しかし医師のほうは、土地を継ぐだけで

はないことがほとんどです。例えば子どもが2人いて、2人とも医師になった場合は、きょうだいが均等に相続できるようにしようと考えるのではないでしょうか。

本家を続けるということは、土地を受け継ぐことでもあります。医師の場合は、土地を受け継ぐというよりは、職業を受け継ぐというほうが正確でしょう。医師という職業と免許を受け継いでいくのですから、何人継いでもいいわけです。従って、本家相続ではなく、均分相続が多くなるのではないでしょうか。

⑤株をやっている人が多い

最後に、財産・債務構成の割合から、医師の特徴を見てみましょう。

全体のデータの財産が約1億3700万円であるのに対し、医師は約3億3400万円と2倍以上の資産を持ち、かなりの資産家であることは間違いありません。

その財産のなかでも興味深いのは、全体のデータに比べて、医師のほうは、土地・家屋など不動産の比重が28％と少なく（全体データでは54％）、上場株式や有価証券などの財産の比重が24％と高めなことです（図表6）。

一般的に資産家は預金が多いものです。これも、全体での現金預金の割合は31％に対し、医師のほうは24％とやや低いのが特徴です。

通常、安定志向が働くため、財産内訳では現金預金が高いものです。それに比べると医師のほうに株や証券の割合が高いのはどういうことでしょうか。

これもあくまでも推測ですが、医師という職業は、技術者であり、頭と手を使う仕事です。ですから労働時間と収入は比例しやすいといえます。それに対して株や証券は、投資をしておけば、時間の経過とともに利益が増えていく。つまり寝かせておくだけで稼げる（かもしれない）ということが、非常に魅力的に映るからではないかと思われます。

普通の相続とは違う3つの理由

医師や歯科医師が資産家であることはおわかりいただけたと思いますが、医師のなかでも、特に開業医の相続を考えるとき、単なる資産家の相続ではないということを知っておかなければなりません。

その理由はいくつかあります。

【図表６】財務・財産構成（税理士法人レガシィ調べ）

開業医のデータ

財産内訳	平均（千円）	割合（%）
土地等	73,263	22
家屋等	20,369	6
同族株（配当）	12	5
同族株（その他）	16,091	
その他	52,210	16
生前贈与	1,476	0
合計	163,421	49
債務等	-32,216	-10
小計	131,205	39
現金預金	80,237	24
上場株式	14,948	24
公社債	18,731	
受益証券	45,246	
生命保険金	31,045	9
退職手当金	12,760	4
小計	202,967	61
計	334,172	100

全体のデータ（2014～2017年の4年平均）

財産内訳	平均（千円）	割合（%）
土地等	66,295	48
家屋等	8,703	6
同族株（配当）	62	2
同族株（その他）	2,715	
その他	11,150	8
生前贈与	758	1
合計	89,683	65
債務等	-18,392	-13
小計	71,291	52
現金預金	42,019	31
上場株式	6,069	13
公社債	4,850	
受益証券	7,559	
生命保険金	3,991	3
退職手当金	1,129	1
小計	65,617	48
計	136,908	100

開業医は平均資産が３．３億円と多い。
不動産は少なく、金融資産が多い

第一に、医師という職業が専門技術者であることです。専門的な言葉を使えば、医師は数少ない「業務独占資格」になります。

業務独占資格とは、その業務に対して、資格を有する者のみがおこなうことができるもので、法令で定められています。

医師以外の業務独占資格には、弁護士、司法書士、公認会計士、税理士、土地家屋調査士、行政書士、弁理士、不動産鑑定士、社会保険労務士などがあります。これらの職業を、もし資格を有さない者がおこなうと、罰せられてしまいます。

第二に、資産家であることです。これについてはすでに述べた通りですが、医師の場合、資産家といっても土地や建物、設備などがほかの業種よりも多いのが特徴です。つまり開業医は設備産業でもあるのです。

そして第三に、開業医の場合、医師でありながら経営者であることです。

医師の先生方は、もちろん医業は得意です。これは職業ですから当たり前です。その半面、経営・マネジメントはあまり得意ではない場合が多いようです。

それも致し方ないことだと思います。専門業を勉強したあとで、経営もしていかなければならないのですから、一から勉強するしかありません。私たちがおつき合いしている先生方のなかにも、率直に「経営は苦手です」とおっしゃる方も少なくないのです。

顧問税理士が相続に慣れているとは限らない

医師・歯科医師は特殊な職業であり、相続に対してもそれに配慮した対策が必要です。医師・歯科医師の場合、顧問税理士がいるケースがほとんどだと思います。実際、税理士全体の分布を見ると、その４分の１が医師専門の税理士なのです。これは当然といえば当然で、医師は所得が多いため、税理士の出番も多いからです。

医師専門の税理士は、通常の税務の知識や経験はもちろん、医療経営に関する知見も持っています。なおかつスムーズな医業承継（個人の医療機関が親族または第三者に事業を承継すること）の知識も経験も豊富だと思われがちです。

しかし誤解を恐れずにいえば、実際は事業承継や相続対策については、それほどの知識や経験がない場合もあります。

確かに医師の顧問をしている税理士は、所得税対策や法人税対策には強いです。なぜなら、それがほぼ毎日やっている業務だからです。

ただ、相続に手慣れている税理士は少ないのが現実です。それも当然のことで、所得税や法人税対策が日常茶飯事であるのに対し、相続する機会は一生に1回か、あっても2回、相続税対策も日常的におこなうことはまずないからです。

私たちは相続を専門にしていますから、相続対策こそが日常です。おこがましいようですが、所得税対策や法人税対策に詳しい税理士による相続税対策のアドバイスが、ときにピントがずれているように感じるのもやむを得ないかもしれません。

相続税対策の本や雑誌は多数あります。そこではたいてい「相続税対策を何もしていない」「何もできないまま相続を迎える」ことはあってはならないことになっています。それを読んだ子どもは、あせって対策を親に迫るかもしれません。でも、それは逆効果になることもあるのです。

毎日相続を見ている私たちだからこそ、いえることがあります。

「相続税対策を何もしていない」「何もできないまま相続を迎える」――それが普通だということです。

この〝相続の現実〟を知って覚悟をしておくだけでも、広い意味での相続対策になります。

「医師の相続」ならではのストレスとは

誰もが納得する幸せな相続が理想ではありますが、やはり相続には何かしらのストレスがつきものです。そこには、医師の相続ならではのストレスというものがあります。

そのストレスは大きく2つに分けられます。

1つ目は、当然のことですが「相続税などお金の問題」です。もちろん、相続税が高いから大変、という理由もありますが、医師の場合は、それが直接医院の存続にも影響します。「医者を続けることができるだろうか」という問題です。

そして2つ目。実はこちらのほうがストレスの度合いとしては大きいのですが、「家族間のモメ事の問題」です。資産家のお子さんがサラリーマンであれば起こり得ないストレスが生じるのが、医師のご家庭です。

特に問題になるのは、親子で同業の場合です。経営者の親子にも同じことがいえるのですが、医師同士が身近にいること、ましてそれが家族であればなおさら、ストレスとなることが多いのです。

父親が開業医で息子が勤務医の場合、あるいは同じ医師でも親子で診療科が違う場合はまだいいのです。むしろ親子でぶつかることが多いのは、医院をしっかりと継いでいる場合です。親と子では同じ医師でも微妙なところがあるようで、苦労された親御さんと、これから苦労するであろうお子さんの対立が見られることがあります。

同じ職業だけに「俺の若い頃はもっと素直だったよ」という父、「俺はそうは思わない」と言い返す子ども。親子で同じ場所で働いているケースではこんな言い合いがよくあるようです。

実際によくあるのが、父親が院長である実家のクリニックで、普段は大学病院に勤務している息子さんが、週に2日だけ診療に来るようなケースです。

また医師のご家庭では、医師であるお子さんが複数いる場合もモメることがありますが、医師であるお子さんとそうでないお子さんがいる場合も、モメることがあります。

きょうだいで職業が違うと、お互いに尊重できるケースもありますが、医師であるほうのきょうだいはどうしても優遇されているように見えてしまい、「(医師である)兄ばかり贔屓(ひいき)されている」ときょうだい間でのストレスにもつながりやすいのです。

きょうだいでスムーズに医師になった者もいれば、医学部を受験して失敗してしまい、仕方なくほかの職業についている者もいる。なかには、医学部に受かったものの、医師という仕事に向いていないと気づき、辞めてしまうケースも珍しくありません。そんなことで親御さんと大げんかしているケースも見てきました。

……さて、さんざんイヤなことばかり書いてしまいましたが、大丈夫です、安心してください。私たちはよく、「転ばぬ先の杖」「転んだあとのマットレス」ならぬ、「転ばぬ先のマットレス」とお話ししているのですが、モメたときは、「そういうこと、よくありますよ」「大丈夫ですよ」とお伝えしています。

相続対策は準備ができているに越したことはありません。

とはいえ、多忙を極めている医師は、事前に相続対策をすることは、正直なところ難しいのです。

でも、何度も繰り返しますが、大丈夫です。

事前に対策ができなくても、何か問題が起こってからでも、いくらでもできることはありますし、間に合います。その方法を、本書でこれからお話ししていきましょう。

第1章

相続の視点から見た
クリニック経営のポイント

「相続以前」に押さえておきたい医院経営の基礎知識

この章では、相続を考える前に、知っておくべきことをお伝えします。

ひと口に「病院」「クリニック」といっても、どのような組織として運営されているかによって、相続対策が大きく変わってくるのです。

もちろん、すでにご存じの方は、本章は読み飛ばしていただいて結構です。ただ、医師本人は知っていることでも、医師ではないその妻やご家族のために、ここでは病院経営の基礎知識を述べていきます。

ただの知識ではなく、あくまでも「相続の専門家」の視点で解説をしていきますので、頭に入れておいていただけると幸いです。

医師（歯科医師・薬剤師を含まず）は全国で約31万9０００人います。年代は、50代以上が4割を占めています。

31万9000人のうち、病院・診療所開設者、または代表者は7万7000人です。つまり、開業医が7万7000人で全体の約24％、残りの76％は勤務医ということです。

また患者になる側は、「病院」「診療所」「クリニック」などいろいろな病院で診察を受けますが、その名称について深く考えたことはないのではないでしょうか。せいぜい、その病院が大きいか小さいか程度の違いだと捉えている人もいるでしょう。

医療法で、病気やケガの治療をおこなえる施設は「病院」と「診療所」に限定されています。病院と診療所の線引きは、ベッド数です。医療法では、ベッド数20床以上を「病院」、19床以下またはベッドがない施設を「診療所」と定めています。

さらに意外と知られていないのが、病院とクリニックの違いです。

クリニックは診療所同様、医療法ではベッド数が19床以下またはベッドがない施設となっています。ただ、クリニックという名称は、「診療所」や「病院」と一緒で、定義は特になく、自由につけることができます。

とはいえ、「クリニック」という名称であるにもかかわらず、医療行為をしない施設だと、患者さんのほうも混乱してしまいます。自治体のなかには、医療機関であることが容易に判断できる名称にする、など一定のルールがあるところもあるようです。

また、クリニックは開設者が医師である必要はありません。例えば市町村、医療法人、社会福祉法人など、法人が開設することもできます。

今、急速な高齢化に伴う医療費の増加や、医師や看護師の不足に対応するため、診療所と病院の機能を分担させることが国の方針となっています。今までのように、1つの医療機関が診るという体制のままだと、病院がパンクしてしまうからです。

どういうことかというと、身近な病気や日常の健康相談はいわゆる「町のお医者さん」であるかかりつけ医に診てもらい、そこで手術が必要になったり、もっと詳しい検査が必要になったりした場合は、かかりつけ医に紹介状を書いてもらい、「地域医療支援病院」が診るということです。

役割分担を明確にすることで、病院の待ち時間を減らし、入院期間の短縮、医療資源の節約にもつながるというわけです。

要するに、1人ひとりが「かかりつけ医」を持つことがすすめられ、必要なときは大きな病院へ、というのが今の世の中の流れのようです。

お金の苦労より人の苦労が多い

経営の鍵を握るのは「人」「もの」「お金」、そして「情報」であるといわれます。では、病院経営において、最も大変なことは何でしょうか。

一般的な経営者の苦労といえば、資金繰り、すなわちお金の苦労ではないでしょうか。開業をすると、土地を買い、建物を建て、設備資金や運転資金などの借入金もあり、大変なイメージがあります。ただ病院経営においては、資金繰りが難しいという人はまずいません。クリニックが廃業するケースもないわけではありませんが、実際のところ、ほかの産業に比べれば、廃業は非常に少ない業種といえます。私たちも長年おつき合いをしてきて、お医者さんが倒産したという話はまずありません。

開業医の場合、お金の苦労よりも、マネジャーとしての「人の苦労」が多いようです。開業するにあたっては、どんなスタッフを採用するかが最初に直面する問題かもしれません。人材採用の難しさは、医師だけでなく経営者にとって重要な問題です。

また、採用後の教育やスタッフへの給料など経理の問題はもちろん、退職金なども用意する必要があります。

開業にあたって借入金もあり、従業員もいるというのは、単なる資産家とは違うというところが、医師の特徴といえるでしょう。

開業医の場合、医師という専門職でありながら、同時に経営者でなければならないという難しさは、皆さん共通して抱えている悩みなのではないでしょうか。

「後継者をどうするか」という大問題

医師のなかでひそかな、かつ大きな問題となっているのが「後継者」問題です。

「息子や娘に継がせればいいじゃないか」と思われがちですが、ことはそれほど簡単ではありません。

たとえ息子や娘が医師になり、後継者がいる場合でも、後継者問題は医師の悩みの種であるようです。これについては次章で触れます。

では、後継者がいない場合はどうなるのでしょうか。

後継者がいなければ廃業するというケースももちろんありますが、今はそういう時代ではないようです。

後継者がいないからと嘆く必要はありません。今は「売却する」ということも選択肢の1つとしてあるのです。もちろん知り合いの医療法人や、開業を検討している医師や後輩などがいれば譲り渡すことができますが、そんなにタイミングよくあらわれるとは限りませんし、それだけのネットワークも見つかりにくいものです。

売却先を見つけたい場合は、医療法人のM&A（合併・買収）のアドバイスをしてくれる専門のサービス会社があります。その会社が持っているネットワークを使って、最適な売却先を探してくれます。

廃業することに抵抗がない場合はいいですが、後継者がおらず廃業するということは、やはり今まで自らがおこなってきた地域への貢献ができなくなってしまうこと、病院自体が存続できなくなってしまうこと、そして従業員の雇用を維持できないことにつながります。

これはとても心残りなのではないでしょうか。そうであれば思い切って適した人に売却することも、積極的な選択肢の1つといえるのではないでしょうか。

医療法人の種類

病院やクリニックの看板には、よく「医療法人○○会」などと書かれています。

もちろん医師本人はよく知っていることですが、患者側にとってはよくわからない、医療法人について簡単にご説明しておきましょう。

まず、医療法人の全体像についてです。医療法人は全国で5万3944件あります。医療法では、医療法人は社団と財団の2種類が認められています。

その内訳は、医療法人「財団」は369件と、1％にも満たない数です。99％以上が、医療法人「社団」となっています。

医療法人社団は、さらに「持分あり」と「持分なし」に分かれており、それぞれ3万9716件、1万3859件で、74％近くが「持分あり」となっています。つまり、世の中の医療法人のほとんどは、医療法人社団（持分あり）ということになります。

ちなみに法人といっても、医者の場合はほとんどが1人で法人化している「一人医療法人」

【図表７】医療法人の全体像

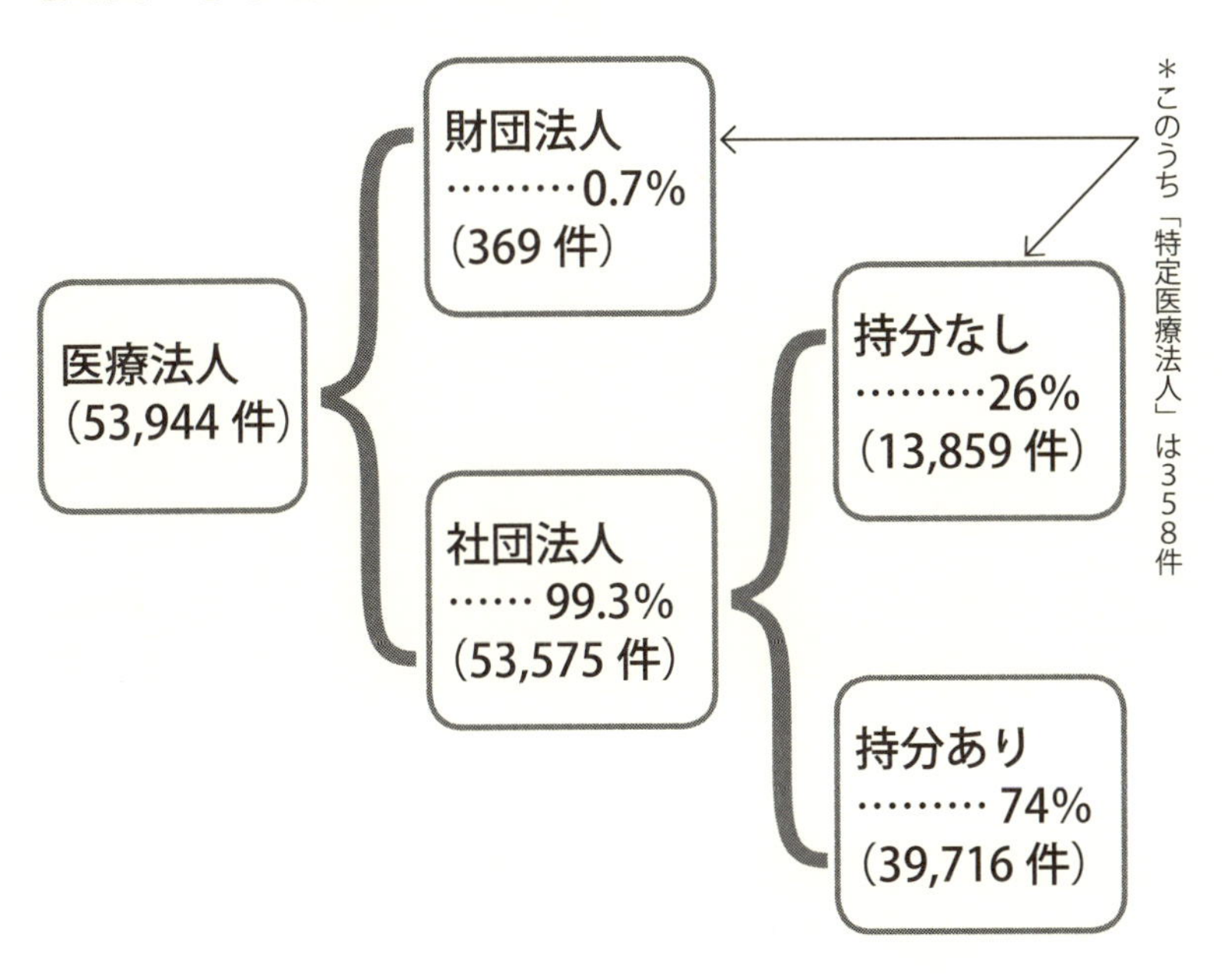

医療法人は、大きく「財団法人」と「社団法人」に分けられる。
社団法人には「持分あり」「持分あり」の２種類がある。
医療法人全体のうち、「一人医療法人」は 44,847 件と 83%を占めている。

(2018 年のデータ、厚生労働省ホームページ「種類別医療法人の年次推移」より)

（これについては後述します）です。私たち税理士が法人化する場合は、税理士が２人以上いないとできませんが、医師の場合は1人でできることになっています。

さて、話を医療法人社団に戻しましょう。

①医療法人社団（持分あり）

世の医療法人のメインとなっているのが、医療法人社団（持分あり）です。その定義はどのようなものかというと、複数の人が集まり、現金、不動産、医療機器など一定の財産を拠出した団体が都道府県知事の認可を受け、登記されることにより成立する医療法人形態です。

法人内の最高法規として「定款（ていかん）」ですべてのことを定めることになります。そしてこの定款規定中の残余財産の処分法により、「持分の定めのある社団」となっているのが「持分あり」という意味です。

ちなみに定款規定中の残余財産の処分法とは、その法人を終えるときに、どうやって残った財産を処分するかが定められているということです。

持分とは、会社でいえば「株式」のようなもので、この持分を誰が持っているかで、この

【図表8】医療法人の内訳

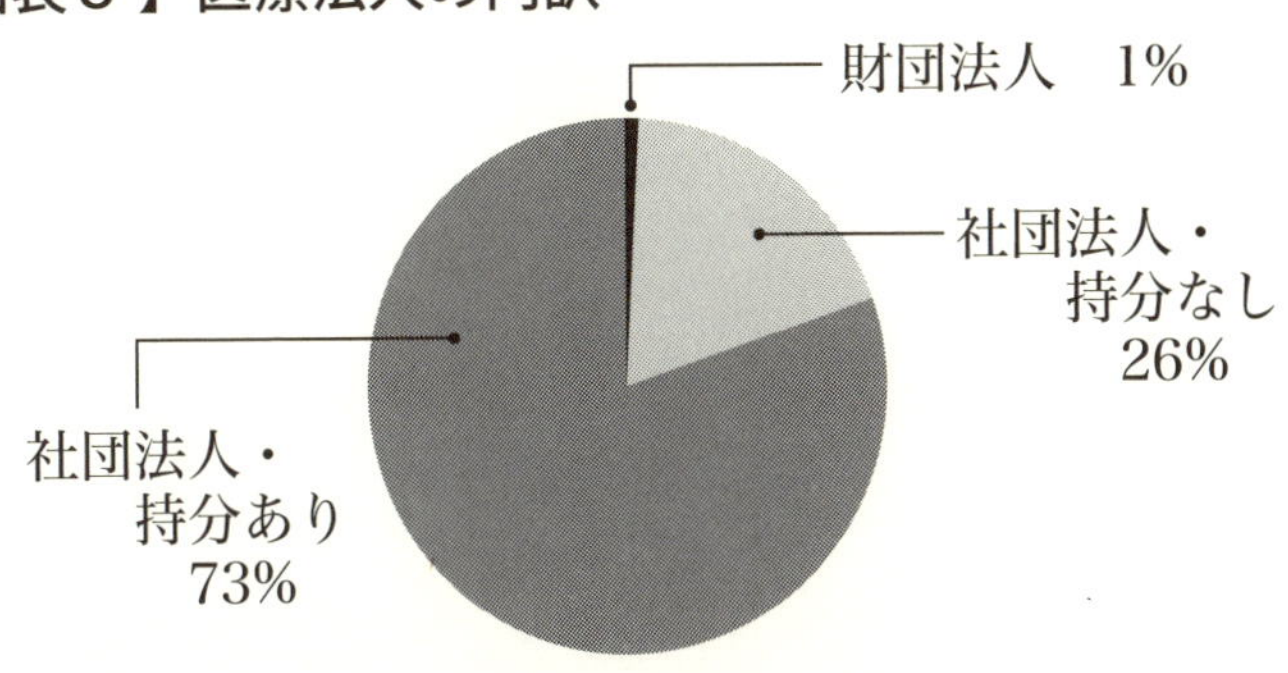

現状、医療法人のうち、
「持分あり」の社団法人が7割を占めている

法人が誰のものかが決まります。通常、「持分」は医師本人がほぼ全員持っています。

わかりやすく会社でたとえてみましょう。

株主でない人が会社の社長になったらどうでしょう。居心地が悪いですね。それと同じように、自分の医院の持分を持っている医師が圧倒的に多いのは、心情的にも理解できるでしょう。

従来の医療法人は、ほぼこの「持分あり」と考えて間違いありません。

②医療法人社団（持分なし）

一方の「持分なし」というのは、文字通り「持分の定めのない社団」であり、医師自身が持分を持っていないということになります。

難しい言い方をすれば、定款規定中に「本社団が解散した場合の残余財産は、払込済出資額に応じて分配する」「社員資格を喪失した者は、その出資額に応じて払い戻しを請求することができる」といった規定を持たない医療法人社団の総称です。

大きなポイントとしては、平成18年の第5次医療法改正によって、平成19年4月以降に医療法人社団をつくる場合は、持分のある法人がつくれなくなってしまいました。つまり、「持分なし」しか認められなくなった、ということです。

その背景は、平成6年と12年に提訴された「八王子判決」によるものです。

持分の大半を持つ社員の死亡に伴う持分に対する多額の相続税の問題が顕在化し、社員の退社に伴う出資金払い戻し請求に係るトラブルに端を発した八王子判決が平成7年と13年に出たのです。

簡単にいえば、もともと医療は利益のためにやるものではなく、社会貢献のためにおこなうものだという大前提があるのにもかかわらず、出資額の割合で払い戻しを受けることができるとする制度は、非営利とはいいがたいとの批判を受け、「非営利の徹底」を主眼として制度の改定がなされたのです。

相続に大きくかかわる「持分あり」「持分なし」の違い

相続の点から「持分あり」「持分なし」を見ると、先ほどの八王子判決にあるように、「持分あり」の場合は相続税がかかってきます。

国としては、医療機関が社会貢献を目的としている以上、その医療法人を廃業させないこと、存続することが一番大切、と考えたのです。持分ありの医療法人で、相続税がかかってきた場合、存続が危ぶまれることがあります。それはおかしいのではないか、株式会社とは違うのだから、「持分なし」を原則にしようという考えなのです。

「持分なし」の医療法人社団には相続税がかかりませんから、医療法人を語るとき、「持分あり」か「持分なし」かで、私たちはやることがまったく違うわけです。

一見すると、とてもいい改正のように思われますが、医師の立場に立ってみるとどうでしょう。「持分なし」では、財産は自分のところには一切戻ってこない。家族にも関係ない。ご自身は働いて、給料ももらっているけれど、腑に落ちないのではないでしょうか。一生懸命に働いて財産をつくっても、「最後は自分のものではない」のです。「相続税がかからないかられいですね」では済まないのではないでしょうか。

今現在「持分あり」の医療法人社団の場合、持分なしに変更しなければならないという強制力や罰則はありません。ですから当然、ほとんどの医師は従来通りの「持分あり」のままなのです。わざわざ「持分あり」から「持分なし」に移行する医師が皆無なのも、わかる気がします。ちなみに、「持分あり」の医療法人社団を売却した場合、そのまま「持分あり」の状態を続けることもできます。

考えを押しつけるつもりはありませんが、冷静に考えても、相続という意味では、「持分あり」が一般的ではないでしょうか。医療は社会貢献であるのは間違いありません。しかし、あくまでも医師個人がおこなっているわけですから、ご自身が仕切ることができない法人というのは、いかがなものでしょうか。

このように医師に不利に見える改正になってしまったさらなる背景として、厚生労働省と医師会の攻防があるのではないかと推測します。つまり、医師という職業が恵まれすぎている（もっといえば儲けすぎている）と思われているのです。日本には国民皆保険があり、全額負担ではありませんから、よくも悪くも気軽に病院にかかりやすいのです。

例えば現在3割負担の診療費が全額負担だったら、病院に行くのを躊躇（ちゅうちょ）するケースもあるのではないでしょうか。これはほかのビジネスや業界にはあり得ません。お客様の側が、3割払えばいいという制度は、ほかにはないのです。ですから、ビジネスとして非常に恵まれていると捉えられているのでしょう。

③医療法人財団

医療法人財団は、先述したように、割合としては非常に少ないです。

その定義は、「個人または法人が一定の財産（現金、不動産、医療機器など）を無償で寄付し、医療施設や評議員会などの機関を持つことで都道府県知事の認可を受け、登記されることによって成立する医療法人形態」のことです。

医療法人制度が創設された当初に設立され、現在も存続する法人は数少ないながらあります。しかし現在、新たに設立されることはほとんどありません。

④特定医療法人

特定医療法人も医療法人財団と同様、とても少なく、全国でも358件しかありません。

昭和39年、租税特別措置法の改正により創設されました。

その事業が医療の普及および向上、社会福祉への貢献そのほか、公益の増進に著しく寄与し、かつ公的に運営されていることについて、国税庁長官の承認を受けた場合に、法人税において軽減税率が適用されることになりました。

法人税が安いのはありがたいことかもしれませんが、その承認要件はなかなか厳しいものがあります。

例えば、「財団、または持分のない社団の医療法人であること」というものがあります。また、「役職員1人につき年間の給与総額が3600万円を超えないこと」という要件もあるのです。

いずれにしろ、数としてはとても少ない医療法人形態です。

⑤社会医療法人

社会医療法人はさらに少なく、全国でも291件しかありません。

こちらは、法人であるにもかかわらず、法人税がかからないのが最大の特徴です。法人であるにもかかわらず原則として法人税がかからないのは、社会医療法人のほかに、宗教法人があるくらいでしょう。

先述した平成18年の第5次医療法改正によって「より公益性の高い法人」として、公的病院の機能を代替する存在として廃止となる特別医療法人のあとを受ける形で制度化されました。要件を満たしたうえで都道府県知事に申請し、認定を受けることで税制上の優遇などが受けられます。

その要件のなかには、例えば「その医療法人が開設する病院や診療所のうち、1以上のものが、救急医療や災害時における医療、へき地の医療、周産期医療、小児医療（小児救急医療を含む）をおこなっていること」「役員報酬が不当に高くなることがないよう、支給基準が明確に定められ、閲覧可能であること」「法令違反がなく、運営が適正であること（つまり監査が必要になってくる）」などがあります。

また、持分なしの医療法人社団と同じように、解散時の残余財産には、相続税がかかりません。解散時の残余財産は、国や地方公共団体、またはほかの社会医療法人に帰属させる旨の寄付行為で規定されています。

社会医療法人がつくられた背景には、地域に役立つ社会医療法人をたくさんつくろうという国の政策があります。

このような一見すると縛りの多い要件のもとでも、法人税がかからないメリットは大きいようです。なぜなら、医療機関は設備投資が多いからです。大きな病院になれば、ＭＲＩやＣＴなど、最先端の医療機器に投資をしなければならず、その金額は億単位になることもあります。最初に設備投資をしてしまうと、ひたすら働いてお金を返していかなければなりません。その際、どんなに稼いでも法人税が30％や40％もかかってくると、返せるお金も減ってきてしまいます。

つまり法人税がなくなると、その分、いい設備が回転しやすくなるのです。その代わり、監査を入れて、私腹を肥やすことのないようにチェックをされるというわけです。

私たちが社会医療法人の監査に入ることもあります。そこで知り合ったある社会医療法人の経営者（２代目）である医師に、話を聞く機会がありました。社会医療法人にしたことは、大きな決断ではないかと思ったからですが、答えは明快でした。

「本来医療とは、そうあるべきではないか」ということ。つまり、公益性が高いものであり、社会貢献をすることが目的ではないかということです。また法人税が非課税であることは、やはり資金繰りにおいて、非常にメリットが高いということでした。

「持分なし」であることについても、その医師は、給料と退職金がもらえるから十分だとおっしゃっていました。

医師も看護師もたくさん勤務している病院ですが、非常に特殊なケースではあります。社会医療法人として認められるには、先述したような条件もあり、申請しても認められないこともあります。やはり高い志と覚悟がないとできないことなのでしょう。

医療法人は損か得か？

⑥一人医療法人

先に少し触れた一人医療法人ですが、医師のうちの83%と、ほとんどが一人医療法人であるのが実情です。ちなみに「一人医療法人」というのは正式名称ではなく、いわゆる通称です。

昭和60年の第1次医療法改正において、「一人医療法人」が解禁になりました。医師または歯科医師が、常時1名または2名勤務の診療所についても、医療法人の設立を認めたのです。

それまでは「常勤医師3名以上」とされていた要件から、ほとんど病院のみでしか設立が認められていなかった医療法人でしたが、医師1名のベッドのない無床の診療所でも設立可能となったため、医療法人の数が飛躍的に増加することになりました。

ちなみに「医療法人○○会」と看板にあるのは、ほぼ一人医療法人と考えていいでしょう。医師個人が名前をつけるのは自由なので、例えば「桜が好きだから、桜という字を使いたい」など、「○○」の部分には、その医師の思い入れが強く入っていることが多いものです。


では医療法人を設立することは、メリットが多いのでしょうか。

「医療法人」という看板を掲げることは、社会的信頼にもつながりやすいですし、院長の思いも伝わりやすく、事業も展開しやすいなど、メリットは多いでしょう。

また、これから医療法人を新しく設立する場合は、先ほどお話ししたように「持分なし」となり、相続税はかかりません。これをいかにも「メリット」のように紹介している書籍やサイトなどもありますが、これまで説明してきたように、必ずしも相続税がかからないことがメリットとはいえないのです。

これから医療法人を設立することを考えている方で、「持分あり」にしたい場合の方法としては、既存の「持分あり」の医療法人を買うという方法もあります。「持分あり」だと売却することができますが、「持分なし」では、自分のものではないので売却することもできません。

「持分あり」を売却する側から見ると、売却を検討するのは「相続のとき」です。後継者がいない持分ありの医療法人は珍しくありません。また、先にもお話ししたように、そういった「売りたい人」と「買いたい人」を仲介するサービス会社もあります。受け継いだら、法人名を変えることも可能です。

一方、医療法人を設立した場合のデメリットについてもお話ししておきましょう。

まず、法人になると社会保険に強制加入となるため、医院と従業員の双方に保険料の負担がかかります。また、個人の可処分所得が減少します。今まではすべてが個人の報酬でしたが、法人になると役員報酬となるため、可処分所得が減少する場合があるのです。

⑦ＭＳ（メディカルサービス）法人

ＭＳ法人とは、メディカルサービス法人のことで、医療に関する営利事業をおこなう法人であり、法律で特に定められた法人ではありません。

医療法において、営利法人で一般的におこなわれているような業務は規制されています。そこで、医療部門ではない事業について別法人化し、診療と経営を切り離すというものです。

一般的に、ある程度収入がある医院に付随してつくられることが多いものです。

MS法人がおこなえるのは以下のような業務です。

・病院、医院の不動産賃貸
・衣料品材料の仕入れや在庫管理
・医療用機器などの販売やリース
・給食業務の受託
・レセプト請求や会計業務
・リネンサービス　　　　　など

MS法人がどういった背景でできたかというと、ズバリ節税のためです。所得が多いと当然、所得税も高くなります。一般的に、所得税に比べると法人税のほうが安いため、節税対策になるのです。

例えば１つのケースとして、このようなものがあります。

医療法人の土地は医療法人の理事長（たいていは院長）が所有し、ＭＳ法人の代表取締役を子どもにして、そこに賃料や業務委託料も支払います。またＭＳ法人のほうは、建物や医療機器を病院側に貸し、地代を支払うというシステムです。

医療法人からすると、賃料やリース料を支払うことで利益が減ります。ＭＳ法人からすると、医業とそのほかの業務を分けて事業自体の所得を分散させることができます。

なお、医療法人とＭＳ法人の代表者を兼務することも法令上の規制はなく、不可能ではありませんが、兼務をする特別な理由や必然性を示さないと、行政に認められない可能性が高いようです。

あえて医療法人にしない場合もある

医療法人について説明してきましたが、実はそう簡単に誰もが医療法人にするわけではありません。

なぜなら、個人のほうが税制上の優遇があるからです。従って、あえて医療法人にせず、個人で医院を運営している先生もいることは事実です。

どのようなものかというと、「各年度における社会保険診療報酬が5000万円以下である場合には、社会保険診療にかかる所得の計算は、収入から実際にかかった経費（実額経費）を控除して計算するのではなく、収入金額に応じて一定の割合により計算した経費（概算経費）を控除して計算することができる（ただし自費診療にかかる所得は実額経費）」というものです。

つまり、社会保険診療報酬が5000万円以下の小さな医院においては、実費の経費ではなく、概算経費といって、税制上の細かい計算はしなくてもよい、例えば「何割を経費」としてかかったものとして計算し、税金を安くしますよ、という制度なのです。これは医師だけの特典です。この制度が、法人になると使えなくなるのです。

ですから小さなクリニックでは、個人のままで法人化しない医師もかなりいます。

さらに、これは医療法人も個人も同じですが、社会保険診療収入に対応する所得については個人でやる場合は事業税、法人では法人事業税が実質的に非課税になっています。

第2章

クリニックをどう引き継ぐか？
やってはいけない「医業承継」

モメる火種になりやすい「跡継ぎ問題」

医師・歯科医師の相続では、財産以上に「後継者をどうするか」＝「誰に病院を引き継いでもらうか」ということが重要です。これが、モメない相続の決め手になるといっても過言ではありません。

70代くらいの医師同士のあいだで、「うちには後継者がいる」といえないドクターも多いと聞きます。なぜかというと、「後継者がいる」ことが自慢に聞こえてしまうからだそうです。

70代以上のほとんどの医師は、後継者問題で悩んでいます。医師は定年がないうえに、医療機器など設備があるために、後継者について真剣に考えざるを得ないのです。

長く働くことはできるけれど、自分の体力と相談しながら医療行為を続けることに不安を覚える人もいます。ですから休診日を増やしたり、ほかのドクターと協力して交代で診療していたりするケースもあります。

「医者の子どもは医者」だといわれますが、後継者がいたとしても、悩みは尽きません。実際にこのようなケースがありました（プライバシーに配慮して、細かい事実は変更しています。以下、紹介するケースはすべて同様です）。

父親は開業医、母親である妻は亡くなっています。長男は、父の跡を継いで医師になろうとしましたが、4浪の末、医学部に入れず、現在はフリーターで独身です。そんな兄を見て奮起した次男は無事医学部に合格、医師になりました。

当然、父親は次男を後継者にしますね。勤務医である次男を呼び寄せ、そろそろ跡を継がせようというわけです。

個人の開業医の特徴として、医療財産が多いということがあります。医療財産とは、診療所や病院の土地・建物・医療機器などのことです。また、地域の開業医の場合、これに加えて、「地域の名士」ということも1つの財産でしょう。一方、非医療財産とは、預金などの医療とは関係のない財産のことです。

さて、この後継者問題で火種となったのが、ご想像の通り長男です。弟が継ぐにあたって、自分も財産の半分をほしいといい出したのです。

次男も黙ってはいられません。「兄貴は4浪もして、いろいろとお金をかけてもらったじゃないか。俺は苦労して勉強して医者になり、長時間労働もこなしてきた。兄貴はいまだにフリーターじゃないか」と。

いってみれば、「医者VS非医者」の対決です。これが医師・歯科医師の相続の特徴です。医師のご家庭は、お子さんがみんな医師という場合もあれば、このように医師になった子どもとそうでない子どもがいる場合もあります。

医師でないほうの子どもも、医師になりたくない、もしくはほかにやりたい仕事があった場合はいいのですが、医師になりたいのになれなかったケースも少なくありません。このケースはまさにそうでした。

このケースの解決法のポイントは、次男にあります。

確かに次男は努力したでしょうし、汗水流して働いたこともわかります。ただ、そうした優秀な弟がいることが、長男にさらなるストレスをかけていることに気づくことです。次男自身が、自分は恵まれているということに気がつかないと、この兄弟の戦いはますます熾烈(しれつ)なものになっていきます。

何かの機会に長男と次男が話し合えるとベストです。身近な人ほどストレスになるといいますが、お互いに相手のストレスには気がついていないのです。

もう1つのポイントは、お父様が長男に対してどう配慮するかです。親とは不思議なもので、うまくいっていない子どもに肩入れしてしまうものです。このケースでもそれまでは何かと長男にお金をかけてきたため、努力した次男は面白くなかったのでしょう。

次男が述べたことは正論ですが、長男の心情的な部分を理解してあげなければなりません。もしかするとこのまま長男はフリーターを続け、年老いて1人で亡くなっていくかもしれないのです。

父親としても直視したくない問題かもしれません。キャッシュならきっちり折半してスッキリ済む問題だったでしょう。しかし私有といえども病院の土地・建物となるとそうはいきません。

私たちはよく、「きょうだいは最大の利害関係者」といっていますが、一次相続、二次相続が終われば、もうきょうだい間でモメることもありません。二次相続が終わるまでの辛抱です。そのあとはお互いに自由に生きればいいのです。言葉でいうのは簡単ですが、身近な家族ほど、いかに難しいかということを実感します。

円満相続のキーワードは「配慮」

今度はモメることなくスムーズに相続が済んだ医師の親子のケースです。

地域の診療所で、後継者は長男と決まっていました。次男は、医師になれずレントゲン技師をしています。父親である院長に「遺言書をつくってほしい」と相談を受け、私たちの代表社員税理士の天野隆が伺いました。

遺言の中身はとても印象に残るものでした。

まず、「病院の土地建物、そして医療機器は長男に」。後継者を長男とした時点で当然です。そして、ほとんどの財産がここにあります。

さらに次男への遺言には、次のように書いてほしいと頼まれました。「君（次男）はとても心優しい。そんな子どもを持てたことを、私はとても誇りに思っている。君のためにこんな財産を残した」として、財産の内容を記載しました。

正直なところ、長男に比べて、次男への財産は少ないのは事実です。父親はそれを知っていたからこそ、そして医師になれなかった次男が、長男へのストレスやコンプレックスを抱えていることを知っているからこそ、遺言書によって優しい配慮をしたのです。

もちろん財産や預金を残すことも「配慮」ですが、その子どものよさを認めるのも「配慮」です。「心優しい子を持てて誇りに思う」などという言葉を親にいわれたら、それも亡くなったあと、遺言書で知ることになったら、それを見た子どもの心に響かないわけがありません。遺言書の力を思い知ったエピソードですが、少なからずあるであろう、きょうだい間のストレスを、親がこのように配慮をすることは素敵なことです。

そして実際、その父親の気持ちは次男に伝わり、このケースではモメることなく相続できました。

医師になりたくてもなれなかったお子さんが問題を起こす例は、珍しくありません。もしそこに、親からの配慮があったなら……と思わずにはいられません。

特に相続においては、「配慮」がキーワードといえます。

前項の例の場合も、「財産を半分ほしい」といった長男は、医師である次男に大きなストレスを抱えていました。もしこの父親にも、子どもに対する「配慮」があったら、モメることはなかったかもしれません。

この場合、医師になった次男に今までの苦労や頑張りをねぎらったうえで、後継者として期待していること、長男と仲よくしてほしいことを伝えることもできたでしょう。また長男には、現実的には次男ほどの財産は残せないにせよ、医師になろうとして頑張ってきた努力を認め、彼の人柄など、よいところを認めてあげるような配慮があれば、モメない相続になったのかもしれません。

「跡継ぎ問題」の重要人物は「母」だった！

先にご紹介したモメた相続のケースのもう1つのポイントは「母の不在」でした。母親がすでに亡くなっていたことが、さらにモメる相続につながっていったのです。

医師の頭を悩ます後継者問題の隠れた重要人物は、実は母親です。

このようなケースがありました。

父親は75歳の整形外科医で開業しています。子どもが4人おり、長男（47歳）は内科医、長女（45歳）は父親と同じ整形外科医、次女（43歳）は一般外科医、次男（40歳）は歯科医師をしています。子どもたちはいずれも勤務医です。同じ整形外科医の長女ではなく、内科医の長男でした。

父親が後継ぎにしたいと思っているのは、同じ整形外科医の長女ではなく、内科医の長男でした。

あるとき父親が学会に出席するため、子どもたちに「代診してくれ」と頼むと、跡継ぎにしたい長男は「代診してやってもいいよ」と生意気な言い方をします。継がせる気はない長女は「わかりました」と素直です。〝親の心子知らず〟で、うまくいかないものなのです。

そこで父と子の仲を取り持つキーパーソンとなったのが、母親です。

父と息子など、男同士でコミュニケーションがうまくいかないことはよくあります。同業であればなおさらです。しかし、妻から見れば、夫はすでに後継者を決めている。父と息子の仲を取り持つのは私しかいない、と思うわけです。

長男を諭し、父親と同じ科で頑張る長女に感謝し、また外科として多忙な次女、歯科医の次男をそれぞれ認め、ねぎらうのが母親の役目です。母親がキーパーソンとして立ち回っているケースでは、跡継ぎ問題がうまくいくケースが多いと実感しています。

このケースでは、いずれ父親は理事長になるか院長をしばらく続けるでしょうが、内科医である長男が継いだあと、整形外科医の長女が一緒に医院をもり立てる方法もあるでしょう。1つの医院にいくつ科があってもいいわけですから、きょうだいで協力してやっていく方法もあります。

兄弟を「医者」と「経営者」に分けた母の手腕

母親というものは、子どもの資質を本当によく見ていると実感したケースがありました。父親が院長、2人の息子がいましたが、医師になったのは長男だけでした。もちろん父親は長男に医院を継がせたいと思っていました。通常は長男と次男の関係がギクシャクしそうな気がしますが、このケースは非常にうまくいっています。

なぜかというと、母親が2人の子どもの適性をしっかり見ていたからです。「長男は勉強はできるけれど、技術屋タイプで対人関係は苦手。次男は対人関係が得意でコミュニケーションもうまい」と。

そこで、医師の長男にすべてを任せることをやめました。子どもたちを諭し、病院の経営は次男に任せ、診療は長男にと、明確に役割分担させたのです。2人の資質をよく見極めたうえでの判断です。

この判断は功を奏し、この病院は経営も含めて非常にうまくいっています。

今、私たちのところに相談に来るのは、もっぱら経営者の次男のほうです。やはり長男である医師は命にかかわる仕事をしていますし、目の前の患者さんで精いっぱいですから、経営のことにまで頭が回りませんし、病院の10年先のことまで考えていられません。そういったことは弟に任せて大正解です。

実際ほかの病院でも、医師がマネジメントが得意でないために、医療コンサルタントにお願いしているケースは多いのです。

先を見る力は女性のほうが優れているのかもしれません。母親の力を思い知ったケースでした。

「同じ医者でも診療科が違う」ときの考え方

先に紹介したケースのように、親が整形外科、子どもが内科など、診療科が違う場合があります。診療科が違えば、設備はもちろん、患者さんも引き継ぐことができません。

跡を継ぐほうも継がせるほうも、同じ科のほうがスムーズなことは確かですが、現実的にはなかなかそうはいかないものです。

ただ、目に見えないものを引き継ぐことはできます。

設備や患者さんは違っても、「医者としての信用（地域の人に愛されている、貢献していること）」「ノウハウ」「医師としてのあり方」は引き継ぐことができるのです。それは近くでお手伝いをさせていただいている私たちが実感していることです。

また、子どもが医院を継がなかった場合も同様です。

子どもが大学に残って研究職に進んだ場合、あるいは違う地域で開業した場合であっても、父親の医師としてのありようは引き継ぐことができるのです。

私たちはよく「相続」には2つの意味がある、という話をします。税理士という職業は、計算ばかりしていて人情もわきまえないドライな人種だと思われることがありますが、それはとんでもない誤解です。

相続には不動産や預貯金など金銭に換算できる財産を受け継ぐ意味と、亡き人の心や意思、さらには文化や思想、人間性といったような、目に見えない資産を受け継ぐ意味があります。

「相続」の「相」という字は、「人相」「面相」というときの「相」で、「すがた」という意味があります。その「相（すがた）」を続けることこそが相続なのです。

相続の場合は、すでに亡くなったあと、亡き人の姿を続けていくという意味ですが、事業承継も同じです。土地や建物、医療機器などの設備や患者さんを引き継ぐだけでなく、医師としてのすがた、地域から信頼されてきたという親のすがたを引き継ぐという意味があり、むしろこちらの目に見えないものをどのように引き継ぐかが、重要なのです。

跡継ぎがいない場合の奥の手

ここで改めて、開業医が事業を後継者に引き継ぐことについてお話ししたいと思います。会社の経営者の場合、事業を後継者に引き継ぐことを「事業承継」といいます。開業医の場合は、「医業承継」と言い換えてもいいかもしれません。

事業承継の方法は2つあります。

それが、①「子どもに譲る」、②「他人に譲る」という選択肢です。
①の「子どもに譲る」が一般的な事業承継です。医師の場合、子どもに譲る割合は普通の産業よりも多くなります。
後継者がいない場合もあります。例えば子どもがいない場合、子どもがいても医学部に行かない場合、ほかの業種に進みたい場合などがそうです。

このようなケースでは、廃業を検討する場合もあるかもしれませんが、第1章でも触れた通り、今は病院を売却するのを仲介してくれるサービスをおこなっている会社もあります。ちなみに買い手となる人は、これから開業したい医師というよりは、すでに病院を経営していて、2つ目、3つ目などその数を増やしていきたいと思っている人が多いようです。


ある後継者がいない歯科医師のケースを紹介しましょう。

医療法人で土地と建物を所有していた歯科医師である父親が、現役のまま69歳で亡くなりました。娘2人はそれぞれ40歳と38歳、どちらも医師ではありません。そこで、医療法人を売却することにしました。

その資産は現金預金が1億円、退職金1億円、個人の土地建物1億円、医療法人の出資金の売却価格が1億5000万円。借入金が1億円ありましたので、それを払い、相続税を払い、娘2人で折半し、相続はスムーズに進めることができました。

実はこれは非常によくあるケースです。跡継ぎがいない医師の場合、「もし自分が死んだらその後はどうしよう……」と悩みがちです。

でも、心配する必要はありません。

現役で続けられるうちは、できるだけ長く医師を続けて、いざとなったら売ればいい、とどんと構えていれば大丈夫です。仲介する会社があると述べましたが、「どの会社がいいかわからない」と不安な場合もあるでしょう。例えば私どもレガシィでは、相続手続きをさせていただくときなどに「売却を考えている」と相談していただければ、手続きをしています。

もちろん仲介会社を通さずに、医師仲間や知り合いの医師に買い手がいれば、直接やり取りすることもできます。

ある整形外科医の医師は、千葉県のA市で開業していましたが、東京都内で新たにクリニックを開業するにあたり、A市のクリニックの売却を考えていました。そんなとき、近所に住む内科医の大学の後輩医師が開業を検討していることを知り、事情を話すと、「ぜひ買いたい」ということだったため、そのままほとんど改装せずに売却することができたそうです。買い手がもともと知り合いだったこともあり、その医師は都内のクリニックをメインに診療しながら、A市のクリニックに週1回通い、整形外科を担当。

クリニックの名前も変更しなかったので、整形外科の以前の患者さんを大きく失うことなく、新たに内科も加わって、双方の医師にとってWIN‐WINの関係となった、成功例です。

クリニックを貸す方法もある

同じく開業医で、産婦人科の医師のケースを紹介しましょう。

開業時はまだ40代。土地を購入して、入院施設がついたレディースクリニックをつくりました。50代、60代は一生懸命働き、借金はすべて返済。借金がなくなり、自分のものになりましたが、特に産婦人科の場合は、同じ地域で20年30年とやっていくうちに、家族形態も変わっていきます。そう、子どもを産む人がいなくなってしまうこともあるのです。

でもその医師は、そんなことは百も承知でした。開業時から20年30年で借金を返済したあと、この場所では産婦人科は流行らなくなると。当時から、「そうなったら売ってもいいし、貸すこともできる」という知識があったのです。

その医師にはお子さんがいましたが、もし子どもが医師になってくれたら、産婦人科以外の科を選んで継いでもいいし、もし継いでくれなければ売ってもよし、ほかの医師に不動産を貸してもよし、と決めていたそうです。貸せば、賃料収入は年金の足しにもなります。

不動産の運用は幅があるので、もし後継者がいない場合でも、売ったり貸したりする方法もあるので、必要以上にあせったり不安になる必要はないのです。

養子縁組をする医師が少ない理由

跡継ぎ問題と関連しますが、通常、一般的な資産家（地主）でおこなわれていることが多いのが、養子縁組です。その理由は、養子縁組による節税効果にあります。

養子縁組をすると、相続人が増えることになるため、基礎控除が増えます。法定相続人1人につき、600万円増加します。加えて、1人当たりの法定相続額も少なくなるため、適用される税率も低くなる可能性があるのです。

ちなみに、相続税法上、養子縁組は被相続人に実の子どもがいる場合は1人まで、実の子どもがいない場合は2人までしか法定相続人の数に算入させないという制限があります。

データを見ると課税価格が5億円以上の資産家の場合、養子縁組をしているのは42％と、ほぼ常識といえるレベルです。一方、同じように資産家であるはずの医師の場合、養子縁組しているのは「0％」、つまり1人としていませんでした（図表9）。

そもそもどのような人を養子縁組するかというと、ほとんどが後継者の妻（長男の嫁）か、後継者の子ども（孫）です。名字が変わらないからというのも理由の1つでしょう。

孫を養子縁組すると、節税効果は高くなります。通常、孫から見て祖父からの相続は、祖父→父→孫と2回相続することになりますが、孫を養子縁組すると、祖父→孫と1回の相続で済むからです。

孫を養子縁組した場合、その孫の相続税は2割加算されますが、祖父から孫へ、一代飛ばしで財産を相続すると、それを上回る節税効果があるケースが多いのです。

養子縁組の節税効果を具体的に数字で見てみると相続税の課税価格5億円、相続人が

【図表９】相続人数と養子の割合（税理士法人レガシィ調べ）

開業医のデータ

	割合（%）
相続人の数（人）	3.23
養子の割合（%）	0

課税価格５億円以上のデータ（2017 ～ 2017 年の４年平均）

	割合（%）
相続人の数（人）	3.75
養子の割合（%）	42

全体のデータ（2017 ～ 2017 年の４年平均）

	割合（%）
相続人の数（人）	2.76
養子の割合（%）	9

相続人の数は全体データと同様３人程度。
ただし、資産家（課税価格５億円以上）と
比べても明らかなように、
養子縁組をまったくしていない

子ども2人のケースで、追加で1人養子縁組をする場合、2230万円もの節税になります。

私たち税理士からすると、資産家の養子縁組はメリットしかないといっていいものです。デメリットがあるとすれば、孫を養子縁組したケースでいうと、父親の戸籍を抜けて祖父の戸籍に入るなど、「戸籍に傷がつく」と捉えられることがあることくらいでしょうか。

でも、これも心配には及びません。戸籍には、祖父のところに「養父」、祖母なら「養母」とつくだけです。それを見て「戸籍に傷がついた」と思う人は誰もいませんし、「祖父から孫に相続したのだな」と認識する程度です。

そうであるにもかかわらず、なぜ医師は養子縁組をしないのでしょうか。これはあくまでも私たちの推測ですが、考えられる理由は3つあります。

理由①　養子縁組をしたお孫さんが医師になるかどうか不確定だから。
理由②　多忙なため、相続対策を講じる時間がない。
理由③　自分の子どもが医師であるケースが多いため、相続税くらいは払えると思っている。

1つ目の理由は、医師ならではだと思います。もし一般的な地主であれば、地主の孫は必ず地主です。しかし、医者の孫は必ずしも医者とは限りません。医師を選ばないケース、なりたくてもなれないケースなど、いろいろ考えられます。ですから養子縁組に躊躇（ちゅうちょ）があるのかもしれません。

2つ目の理由、事前の相続税対策についても、一般的な資産家に比べてやっている医師は少ない印象です。基本的に相続税対策はご本人の問題ではないので、どうしても億劫になってしまうものです。それよりは、目の前の所得税対策や法人税対策のほうに関心が高くなるのは、人間の心理として致し方ないことなのでしょう。

3つ目の理由についても、多忙ということもあり、「まあ、大丈夫だろう」と楽観視している面があります。そしてあとで述べますが、実際に何とかなることがほとんどなのです。

このようなことから、医師が養子縁組をするのは、節税対策としては間違っていませんが、やはり机上の空論といわざるを得ません。医師が一代飛ばしの相続をしてうまくいっているケースもないことはありませんが、レアケースといえるでしょう。

相続のタイミングで移転するという選択肢

相続のタイミングで、場合によっては病院を移転することを検討したほうがいいケースもあります。

例えば父親が小児科を開業していて、息子も同じ小児科医となり、相続をする場合を考えてみましょう。

父親が開業した当時は、若いファミリーが多く、子どもがたくさんいた地域でも、父親が70代となり、相続を考えるタイミングでは、すでにそこは高齢者の割合が非常に高い地域になっていた……というのはよくあることです。

息子は同じ場所で小児科を続けるつもりでしたが、ここで続けても患者さんが来ないと判断し、マンションがたくさん建設され、ファミリー世帯が増え続けている地域に医院を移転することを決めました。

病院はいってみれば「近所商売」でもあるので、どこの地域で開業するかは非常に重要なポイントになります。もちろん、医師という職業はいわゆる一般的な商売と違って、「お客様＝患者さん」といい切れるわけではありません。ただ、その場所で医院を続ける以上、患者さんに来ていただかなければ存在意義がないわけです。

どの地域で開業するかによって、患者さんの数は大きく違ってきます。高齢者が多く住む地域では整形外科がいいかもしれませんし、ビジネス街なら心療内科や不妊治療をメインとしたクリニックがいいかもしれません。

今はどこで開業するとメリットが高いのか、そんなマーケティングリサーチをしてくれる会社もあります。

ただ、繰り返しになりますが、受け継ぐ側の子どもは、たとえ医院の場所は変わっても、患者さんとの向き合い方、医師としてのあり方や志など、目に見えないものをしっかり受け継ぐことが大切です。逆にいえば、それさえ受け継いでいれば、場所にとらわれることはないのです。

祖父から孫への教育資金贈与のメリット

相続対策は、子が親に迫るものではありません。それでも、親から提案されたらありがたい対策があります。そんな親ができる相続対策の1つに、「教育資金贈与」があります。

祖父母から、30歳未満の孫やひ孫に教育資金を贈与すると、その分だけ相続時の課税対象となる財産が減り、節税対策になるのです。

特に、2013年4月1日から2021年3月31日までのあいだは、教育資金を一括して贈与した場合、孫（ひ孫）1人につき1500万円まで非課税になりました。孫が4人いれば、6000万円もの資産を減らすことができます。今のところ、2021年3月末までの期間限定となっていますが、このような制度は延長されると予想されます。

具体的には、信託銀行などに専用の口座をつくります。そこに贈与の金額を一括して拠出します。そして、金融機関などの窓口で教育資金として支払われたことが領収書などから確認された金額が、教育資金の贈与額になります。

ご存じの通り、医学部の学費は高額です。特に私立大学の医学部では、6年間で2000万円から、高いところでは5000万近いところまであります。医学部の学費が高い理由は、やはり何といっても医者の地位が高いこと、所得が多いこと、そして医学部を卒業し、国家試験を受けてはじめて医師になれるからではないでしょうか。

医学部のように高額な教育費がかかる場合は、教育資金一括贈与に向いています。1500万円の非課税枠は、30歳に達するまでに使い切れない場合、贈与税がかかってしまい、節税にならないケースもあるため、確実に1500万円の教育費がかかる人にしかメリットは感じにくいものだからです。

通常、1500万円を贈与した場合、366万円（または450万5000円）もの贈与税がかかります。でも教育資金の一括贈与を行えば、大きな節税成果があるのです。受贈者には一定の所得制限がありますが、孫やひ孫に、自分が元気なうちに一気に財産を贈与したい場合にはとてもおすすめの方法です。

ところが、とあえていわせてください。

私たちがお客様に教育資金の贈与についてご説明すると、ほとんどの方が「一括贈与」ではなく「暦年贈与」のほうを選択します。

暦年贈与とは、毎年贈与する方法で、年に110万円までなら贈与税がかかりません。つまり、教育資金をそのつど贈与する方法で、必要なときに必要な教育資金を贈与できます。ただし、特別な非課税はありません。

当然ですが、節税のメリットが圧倒的に大きいのは一括贈与のほうです。ではなぜ、皆さんが暦年贈与のほうを選ぶのでしょうか。

暦年贈与の唯一にして最大のメリットは、「そのつど贈与」であるため、そのたびに子どもや孫の笑顔が見られることでしょう。

年に1度、例えばお正月やお盆などに子どもや孫たちを集めて、みんなの笑顔を見たいのです。それがまとまったお金であるにせよ、一括で贈与してしまうと、ありがたみはそのときだけです。そのたびに子どもや孫に会い、「勉強を頑張れよ」といえるからです。

そして、仮に年110万円を超えたとしても、例えば「医学部の学費に1000万かかった」ということが証明できれば、実は贈与税はかからないのです。ですから皆さん、もっぱら暦年贈与を選ぶのです。

従って、医者の相続税の節税対策として「教育資金の一括贈与」をすすめても、やはり机上の空論であることも多いのです。

なお、教育資金として認められるものには、以下のようなものがあります。

- 入学金、授業料、入園料、保育料、施設設備費
- 入学、入園のための試験にかかる検定料
- 在学証明、成績証明などの手数料
- ランドセル、通学かばん、教科書、制服、その他の学用品の購入代金（学校等から事前に書面が出ていることが前提）
- 修学旅行費、給食費、スクールバス代などの必要な費用

本当に子や孫のためになる贈与とは

さらには、こんな節税対策もあります。

祖父母から孫への結婚資金、子育て資金の一括贈与です。

20歳以上50歳未満の者が、2015年4月1日から2021年3月31日までのあいだに、

結婚・子育て資金にあてるための金額を父母や祖父母から取得した場合、1000万円までは贈与税が非課税になるというものです。教育資金の一括贈与と同様に、信託銀行などの金融機関に専用の口座を開設する必要があります。

結婚資金とは、婚姻の日の1年前の日以降に結婚に際して支払われる挙式費用はもちろん、家賃や敷金などの新居の費用、転居の費用も含みます（ただし結婚資金は1000万円のうち、300万円が限度）。子育て資金は、妊娠・出産および、不妊治療や妊婦健診の費用、分娩（ぶんべん）費用、子どもの医療費や幼稚園や保育所などの保育料なども含みます。

まさに至れり尽くせりです。2019年の改正で、信託等の前年の所得が1000万円を超える場合には、適用できない旨の制限が加わりましたが、それが相続税対策であったにせよ、もういい年をした（30代、40代くらいの）自立した子どもに対して、ここまでするのはやりすぎではないか、という感もあります。

なぜこのようなことになるのか推測すると、教育資金や子育て資金という大義名分があると、贈与しやすいということなのでしょう。一般的に贈与というものは、なかなかおこないにくいものなのです。しかし、教育や子育ては、お金の行き着く先が決まっていますし、遊びに使うわけではありませんから、お金を出しやすいのです。

第3章

節税のつもりが逆効果!?
やってはいけない「開業医」の相続対策

この章では、相続税対策としていわれている「よくある対策」と、現実とのギャップについて説明します。

さまざまな情報として出ているものは、内容そのものは正しくても、現実にそぐわないものもたくさんあります。

私たちは多くの相続の現場を見て、実際に〝本当に役に立つ〟対策をおこなってきたという自負があります。

ぜひ「相続税対策の実際」を知って、役立ててください。

「相続税対策は事前にやっておかないと」の落とし穴

NG!

相続税の節税対策は、相続前にやっておかないと間に合わない。

相続が発生してから慌てて対策を考えても、もう手遅れ。被相続人が生前のうちに対策しておかないと、大変なことになる。だから被相続人が生きているうちに、相続人は対策を講じなければならない。

これは相続対策の本に、当たり前のようによく紹介されていることです。しかし、本当なのでしょうか。

実際に私たちが相続の現場を数多く経験してきたなかで見てきたのは、相続対策を講じれば講じるほど、ギスギスしてしまう親子関係です。

先日も、お父様が80代、息子さんが50代のお客様がいらして、息子が父親に、

「別に親の財産を狙っているわけじゃないけど、困らないようにしておいてね」

といっていたケースがありました。

実は、これが一番いけません。

もちろん、息子さんが財産を狙っていないことは真実でしょう。そしてお父さんにそういいたくなる心理もわかります。

「困らないようにしておいて」といったのは、「僕たちが混乱しないようにしておいて」という意味であって、「相続税を払えないと困る」という意味ではないでしょう。

しかし、親の立場になってみると、面白くありません。

なぜなら相続税とは、親から見れば「自分が死んだときの話」だからです。人間誰しも、自分が死んだことを前提として何かをしなければならないのは、つらいことなのです。

しかも、ただでさえ忙しい医師という仕事をしながら相続対策をすること自体が、とても億劫なことです。相続を意識する年齢になると、できるだけ面倒なことは避けたくなるものです。ましてや多忙な毎日を送るなかで、先々のことをゆっくり考えて、成人した子どもたちが困らないように……などと考えられるのは、ごくごく一部の人なのではないでしょうか。

もっといってしまえば、所得税対策は自分自身が得をすることですから多少面倒でもやりますが、相続税対策をして得をするのは子どもです。そこまでしてやるかどうか、ということなのです。

結論からいいますと、相続税の節税は、相続後でも間に合います。

ですから、慌てなくても大丈夫です。

実は、相続後でも土地の評価で相続税を安くすることが可能なケースもあります。私たちが1992年～2017年のあいだにおこなったデータでは、389件で合計102億円の相続税が戻りました。その額は、1件あたり平均2609万円にもなります。自慢に聞こえるようで恐縮ですが、還付成功率は91%にもなっています。

どうしてそのようになったかというと、ほとんどが土地の評価です。セットバックや計画道路、水、騒音などから、土地の評価額を下げたのです。

ノウハウがあれば、土地の評価を下げ、相続税が戻る可能性は高いのです。生前に対策をしなければと子どもがあせることはありません。

「被相続人が亡くなってからでは遅い」

「生前にしかできることはない」

などという言葉に踊らされ、父親を急かして、親子関係がギスギスするほうがずっと問題です。

相続対策はあとからいくらでもできます。親子関係を悪くしてまでやるものではないのです。

NG!

医師の相続でも「遺言を書いて」は絶対禁句

相続税の対策が大変だからと、「遺言書を書いておいてほしい」と親に頼む。

財産がどれくらいあるのか、教えておいてほしいと親に迫る。

「親には何をいっても大丈夫」と思い込んで「認知症対策」を話してしまう。

序章（22ページ〜）で紹介したように、全体のデータに比べて、医師・歯科医師は遺言書を用意する率が高いものですが、だからといって子どものほうから、「遺言書を書いておいて」などというのは絶対禁句です。これは医師に限らず、親がどんな職業であれ、すべての人に共通することです。

前項の「私たち子どもが困らないようにしておいてね」といってしまうのと同じく、親はこの言葉に非常に不快感、不信感を抱きます。

また特に母親が抱く思いのようですが、「あの息子が親にこんなことをいうはずがないのに、誰がいわせたのだろう？」と考えたとき、長男の嫁や次男の嫁が裏で糸を引いているに違いないと、悪者にされてしまう話もよく聞きます。

確かに遺言書があれば、その後のモメ事を避けやすくなるでしょう。しかし、それは子ども側の論理です。自分の親とはいえ、相手は80代、90代の高齢者であることを忘れてはいけません。

また遺言書と同様に、「認知症にならないために」などといって、土地を管理する家族対策や預金を管理する家族信託を親にすすめてしまうケースもあるそうです。これも、親からすればカチンとくるものなのです。

いくつになっても子どもは親に甘えてしまうものですが、子どもといえども50代、60代の大人です。なんとか遺言書を書いてもらおう、相続対策をしてもらおうというのは、ご両親にしてみれば「死」を意識させる行為であり、いくら親御さんが医師であっても感情を逆なでしてしまう場合もあることを、肝に銘じておきましょう。

世間では「相続税が大変だ!」と騒ぎすぎの感があります。

でも私たちのデータによれば、医師の場合、相続税の76%は相続をした現預金から支払っています。全体のデータでも現預金は84%です(図表11)。

医師の場合の現預金以外の支払い方法を見ると、土地の売却は0%、株式の売却は7%、自己資金が14%、借入金等が3%です。つまり、借金をしなければ相続税が払えなかった人は、わずか3%ということになります。

ですから、相続税が払えない、ということはまずないのです。しかも相続した現預金から払えるのですから、慌てる必要はまったくないことがわかるでしょう。

相続税が心配だ、と不安をあおるような情報は氾濫(はんらん)していますが、このように「心配ないですよ」という情報は伝わりにくいものなのかもしれません。

そもそも医師は預貯金が多い職種なので、まず心配ないのです。

先述した通り、80代、90代の親世代は、新しいことをするのがとても「億劫」な世代です。年を重ねていくと、人間は何でも億劫になるものです。

この「億劫」という言葉は子どもの側にとっても非常に重要な言葉です。「億劫であれば、何かお手伝いしようか」という姿勢です。もしも親が「億劫」という言葉を口に出したときにやってくれる子どもがいたら、とても楽でしょう。

仕事においてもそうです。例えば開業医の父が、「最近はいろいろ億劫でね。水曜日を休診にしようかと思うんだ」と口に出したとします。そのとき、勤務医の息子が「水曜日だけ手伝おうか」と提案したとしたら、とてもいいことですね。

お金ではなく、父の患者さんを継ごうという意思も感じられますし、父の地域医療に対する思いも継いでいく。すると結果的に相続もうまくいくのではないでしょうか。

相続対策を迫るより、親とのコミュニケーションをとっていくほうが、結果的にはスムーズなのです。

【図表 10】相続税の納付方法（件数）（税理士法人レガシィ調べ）

開業医のデータ

納付方法	割合（%）
現金	100
延納	0
物納	0
合計	100

全体のデータ
（2014 ～ 2017 年の４年平均）

納付方法	割合（%）
現金	99
延納	1
物納	0
合計	100

開業医は相続税を現金で支払っている

【図表 11】現金納付の原資（税理士法人レガシィ調べ）

開業医のデータ

内訳	割合（%）
相続の預金	76
土地売却	0
株式売却	7
自己資金	14
借入金等	3
合計	100

全体のデータ
（2014 ～ 2017 年の４年平均）

内訳	割合（%）
相続の預金	84
土地売却	3
株式売却	1
自己資金	11
借入金等	1
合計	100

開業医は、土地を売らずに、
親や自分の預金から現金で支払っている

「相続した土地は売ってはいけない」はもう古い？

NG!

父親が残してくれた土地を、ずっと守っていく。
相続税を払うために、最低限の土地を売る必要があるが、できるだけ残していこう。
不動産は、文字通り「不動」のもの。動かしてはいけない。
だから、決して売らないし、引っ越しもしない。

不動産という字は、「財産が動かない」と書きます。だから、相続が発生しても、土地は動かさないものだと思い込んでいるケースも見受けられます。

しかし、実際はそんなことはありません。

一番大切なのは、相続人の生活です。

もちろん被相続人である親（父親）が存命中は、財産をどうしようと親の自由です。

親が一生懸命働いて稼ぎ、自分の好きなように財産を運用しているのを、子どもが「相続税が大変だから何とかしてよ」というのはおかしな話だということは、すでにお話しした通りです。

しかし、親から不動産を引き継いだら、守っていかなければならない、不動産は絶対に売ってはいけないと思い込んでしまうと、相続人の生活が大変になってしまう可能性もあります。

図表11にあるように、医師にしろ、全体のデータにしろ、相続税の納付原資（相続税をどの資金で納めたか）で一番多いのは、現預金です。

だからといって、土地売却をしてはいけないというわけではありません。実際、資産家においては、資産が増えれば増えるほど、土地の売却が増えます。

もちろん土地を売りなさい、と土地売却をすすめているわけではありません。でも、相続人の生活を一番に考えたとき、土地を余分に売ってもいいのですよ、と申し上げているのです。

それくらい、相続のときに不動産は売ってはいけないのだ、と強く思い込んでいる人が多いということです。

相続税を納めるために、いざ土地を売却しようとなったときも、相続税で必要な分だけ売る方がいらっしゃいます。

でも、ちょっと待ってください。余計なおせっかいのようですが、今の時代から考えても、それはあまり得策ではありません。

先祖代々という言葉は素晴らしいですが、相続のときに仮に不動産を余分に多く売ったとしても、親戚縁者はあまり文句はいいません。もちろん「相続税はいくらだったか」「何坪売ったか、手取り額を見せてくれ」などという人はいません。

多めに売ったとしても、相続時であれば、「多額の相続税の支払いのために売らざるを得なかったのです」といえば、誰も文句はいえないでしょう。

しかし、相続のときに先の例のように、相続税で必要な分だけギリギリ土地を売ったり、そのあとに、また何回か続けて売ったりすると、

「いったい何をやっているのか」

「普段からムダづかいしているからだよ」

などと文句をいわれることがあります。

相続のときこそ、土地を売るいいタイミングです。「相続」という大義名分がありますから、堂々と売ればいいのです。

そして売却するときは、ちまちま売らないこと。ある程度まとめて売るのがポイントです。そうすれば親戚縁者から文句もいわれず、土地そのものも高く売却することができます。

土地を余分に売れば、別の土地に収益性のある建物を建てることもできます。借金して建てるのではなく、土地を売って借金なしで建てることができるのです。

相続税なしの「持分なし」医療法人は本当におすすめ？

NG!

「持分なし」の医療法人なら、相続税がかからないから得である。

医療法人は「持分あり」から「持分なし」に定款変更するのがおすすめである。

第1章で説明した通り、医療法人には「持分あり」と「持分なし」があります。そして、2007年4月以降に新しく医療法人をつくる場合には、「持分なし」でしか設立できなくなりました。

現実的にはまだ圧倒的に「持分あり」の医療法人のほうが多いのですが、国からは、既存の「持分あり」の医療法人も、「持分なし」に移行するようにとの方向性が示されています。ただし強制力はないため、「持分なし」に移行する医療法人はまずありません。

「持分あり」から「持分なし」への移行は、定款変更をおこない、都道府県知事の認可を受けることが必要です。

「持分なし」のメリットとしては、相続税の対象ではないため、相続税がかからなくてお得だというものです。

確かに相続税がかからなければ、「持分なし」に変更したほうが得な気がします。しかし実際、ほとんどの医療法人が移行せず、「持分あり」のままなのはなぜでしょうか。

考えてみれば当然のことです。繰り返しになりますが、持分がないと、いくら医師が一生懸命に働いても、残された財産は自分のものではないからです。

冷静に考えてみてください。よほど公益的なことを考えている人以外は、医師は働いている場所が「自分の医院」だという感覚があります。

現実的に、「相続税がかからないので、〝持分なし〟に移行しませんか？」といわれるのは、かなりピントがずれているのではないでしょうか。

また、持分なしの医療法人に移行したとしても、その移行に際し、「みなし贈与税」が課税されることがあります。持分なしの医療法人に移行する定款変更をおこなった場合に、出資者に対して払い戻し、または残余財産の分配をおこなうべき金額について、出資者が放棄することになります。

たとえ放棄したとしても、医療法人はそれによって利益を得たとみなされ、贈与税が課税されることがあります。ですから、「持分なし」となっても法人として贈与税を払う可能性があるため、「持分なし」にわざわざ移行する医療法人は少ないと考えられます。

「持分あり」医療法人の相続税対策は退職金だけでは解決できない

NG!

「持分あり」の医療法人では、医療機器などの内部留保があるため、その出資者の勇退時や死亡時には、財源対策のために退職金を多く支払うといい。そうすると評価額が下がるため、相続税が安くなる。

内部留保とは、法人における利益の蓄積のことをいいます。法人を応援する意味では非常に重要です。会社が利益を得て、税金を払って経費を払って、そして残っていく利益の蓄積です。ちなみに一般企業でも内部留保が70～80％あれば非常に優秀で、40％あれば会社は潰れないとされています。

内部留保が高いことはいいことなのですが、1つだけ欠点があるとすれば、その時点での株の評価が高いということ。ですから相続税も高くなります。

医院の場合は医療機器や設備があるので、内部留保が高くなります。ＭＲＩやＣＴなどの設備があれば、何千万円というものもあります。株の評価は利益の蓄積で決まってくるものであり、医療機器が整っているだけでは株の評価はあまり上がりませんが、医療機器が整っていれば、必然的に利益もあるため、株価の評価が高いのが一般的です。

話を戻しましょう。

「持分あり」の医療法人の出資者の勇退時、あるいは亡くなった場合は、「持分あり」＝財産があるため相続税が発生します。

そこで節税対策として、以下のような方法がすすめられている場合があります。

医療法人には医療機器などの内部留保があるために、相続税の評価額も高くなりがちです。しかしながら、役員に退職金を支給することで、相続税の評価額を下げ、節税できますから安心しましょう、というものです。

確かにその通りです。しかし、理屈ではそうでも、実際はそれだけでは済まないことが多いことを実感しています。

先にお話ししたように、実際に「持分あり」の医療法人の株価の算定をすると、かなり高いことが多いのです。普通の会社と一緒で、自社株ということになります。正式には「持分あり医療法人の出資金額」といいます。

しかも、後継者がいる場合、いわゆる自社株は、売るに売れません。そうであるにもかかわらず、相続税はしっかりとかかってきます。

実際のケースを見ていると、退職金を払えば安心、すべて解決する、というわけではないことが多いようです。

でもこれは相続人の財源対策として、仕方のないことなのです。ですから、ある程度の覚悟をしておきましょう。

「相続した病院を貸す」ときは所得税対策が必須

NG!

個人医院で後継者がいない場合、その土地や建物を妻が相続し、ほかの医院など第三者に貸付をすれば、配偶者の収入を確保することができる。

残された家族の生活資金になるので、おすすめの方法である。

個人医院で夫が亡くなった場合、さらに後継者がいない場合の対策として、その土地と建物を内部の設備も含めて、ほかの医院に貸しましょう、というアイデアです。

残された配偶者の収入にもなり、いかにもよさそうな対策に見えます。

しかし、ここに落とし穴があります。

妻の不動産収入になるため、思いのほか、所得税・法人税が高いのです。

不動産の収入だけを見て、税引き後の手取りを見ないと、痛い目にあいます。所得が４０００万円を超えると、個人税率は驚くほど高くなります。

ちなみに、所得が４０００万を超えた場合の個人の最高税率は、所得税が46%、住民税が10%で、合計56%にもなります。

普通、税金は5割を超えると一揆が起こるといわれています。江戸時代の話ですが、年貢が高いと一揆が起きるのです。所得税と住民税を甘く見てはいけません。

そこで私たちがご相談を受けたときによく提案しているのが、法人というビークル（器）を使う方法です。つまり、個人ではなく法人化してしまう節税対策です。

これを「法人疎開」といいます。

法人疎開とは、同じ高い税金を払うなら、会社として払いましょうという発想です。不動産所得がたくさん入る方は、元の資産を法人に移せば、法人の所得となります。つまり、建物を法人に売るのです。その法人が収入を得ることになるので、法人に税金がかかります。なんといっても法人税の実効税率は30％前後なので、個人の場合と比べて最大で26％も税金が違うのです。1億円あれば、約2600万円も違うということになります。

メリットだらけの法人疎開ですが、1つだけ弱点があります。

それが法人としてお金を使わなければならないことです。

個人の場合は、飲み食いやレジャーなど、何にお金を使ってもかまいません。一方、法人の場合は、法人の目的に沿って使わなければなりません。

でも現実的には、法人で購入するものはかなりあるものです。大きな買い物は、法人で買ってもおかしくないものばかりです。

例えば土地、建物、ゴルフ会員権、車などは、財産となるため、法人で購入できます。

もちろん、明らかに個人の趣味と思われる買い物はＮＧです。

とはいえ、仕事に関係があるものとみなされる場合は大丈夫です。

例えば、奥様が法人化した会社で料理教室をやるとしましょう。すると、料理の本は経費になります。また料理教室を見学するために海外に視察に行くのも経費になります。料理教室以外にも、裁縫教室、三味線(しゃみせん)教室、ダンス教室でもいいわけです。

正直なところ、趣味として楽しんでやっている場合は、収入はあまり関係がない場合が多いようです。でも不動産収入があるのですから、問題ないですよね。やはり資産家にとっては、法人疎開はメリットの多い節税対策といえるでしょう。

また相続は個人から個人に行くと、そのたびに登記費用がかかります。しかし、法人に1回移しておくと、法人を相続する場合、株式を相続することになり、これには登記費用がかかりません。こんなメリットもあるのです。

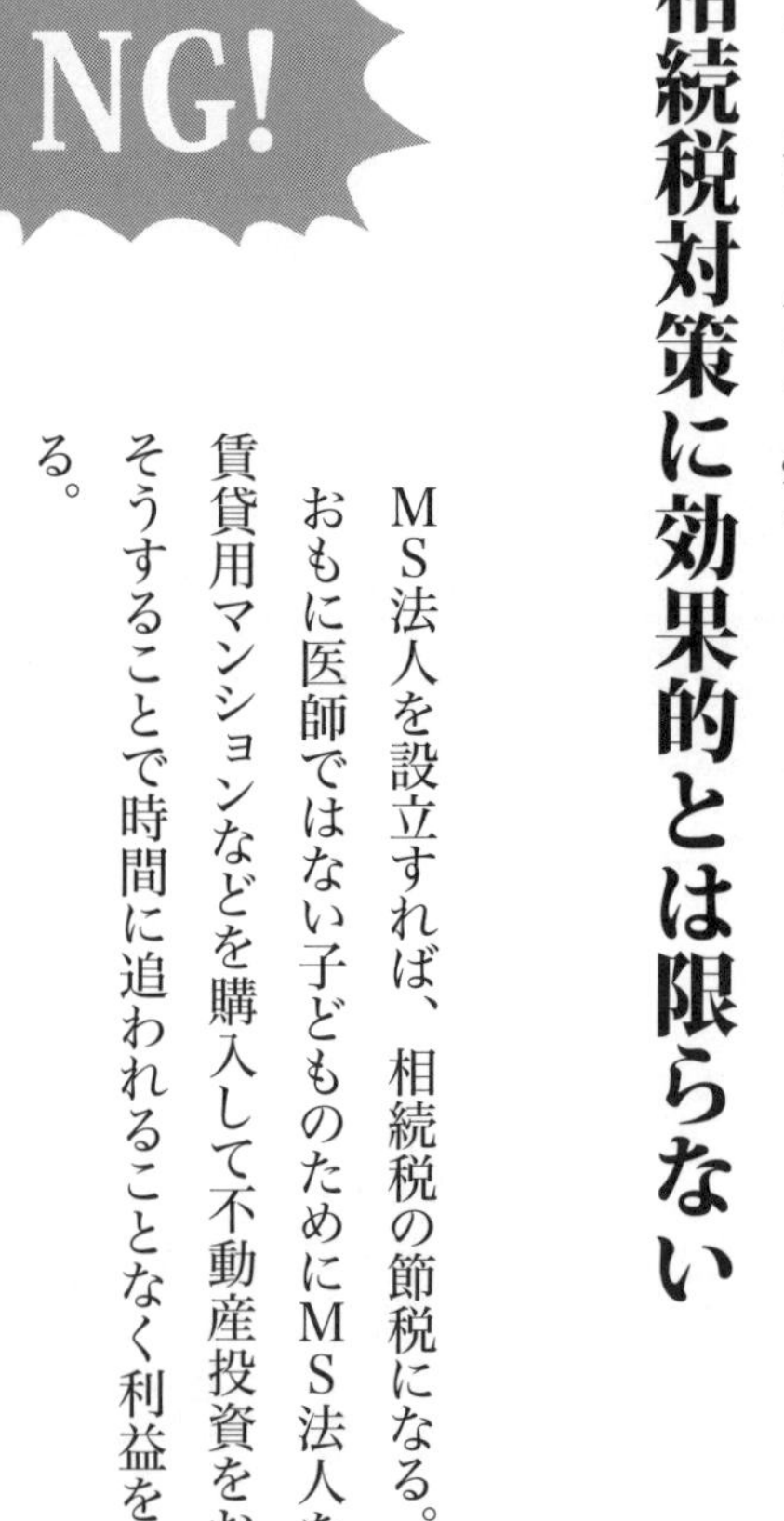

ＭＳ法人が必ずしも相続税対策に効果的とは限らない

ＭＳ法人を設立すれば、相続税の節税になる。おもに医師ではない子どものためにＭＳ法人をつくり、賃貸用マンションなどを購入して不動産投資をおこなう。そうすることで時間に追われることなく利益を上げられる。

あるいは、証券投資をすれば、同じように時間に追われることなく利益を上げられる。

医師にならなかった子どものための対策として、このようにMS法人を使って、賃貸マンションなどを購入して家賃収入を得て、不動産投資をしましょう、という方法をすすめられることもあるようです。

例えば2人の子どものうち、医師となった長男には、医院の土地や建物を継がせることができます。一方の医師とならなかった次男にとっては不公平なので、MS法人をつくって株主にし、不動産投資をさせるというケースです。

MS法人とは57~59ページでも説明しましたが、医療に関する営利事業をおこなう法人で、法律で特に定められた法人ではありません。医療部門ではない事業について別法人化し、診療と経営を切り離すという意味合いがあります。

MS法人の株主を子どもや孫などの親族にしておき、その親族のためにMS法人に内部留保利益を残しておきます。その内部留保利益に対しては、相続税がかからないからです。

また、家賃収入による所得は、所得税率よりも法人税率が低いケースが多いため、MS法人で不動産投資をしておけば、医師にならなかった子どもに対して、財産を残しておけますし、一定の収入が入ってくるから安心、ということなのでしょう。

もしくは不動産投資ではなく、証券投資についても同じようなMS法人を使った方法を提案されることもあります。そして、万が一非医師である子どもがお金に困ったときは、不動産や有価証券を売ればいい、という考え方です。

しかし、本当にそうでしょうか。

MS法人として投資用不動産を売却すると、その売却収入によって生じる所得に対して、法人税などの税金が30%前後もかかります。

これが個人で所有していた場合、税金は20・315%と、法人に比べて3分の2程度で済むのです。

そうであれば、個人のまま所有していればいいのではないでしょうか。

有価証券についても同様で、個人で所有していれば、売却した際に生じる税金は20%(20・315%)と安いのです。

もし医師ではない子どものために何かするのであれば、わざわざMS法人として所有していなくてもいいのではないでしょうか。医師である父親が不動産投資をしておいて、病院以外にもう1つ物件を持っておけばいいのです。それを非医師の子どもにいずれ渡すということです。

あるいは、比較的医師に好まれる証券投資も、父親が個人で投資をしておき、いざとなったら非医師の子どもに引き継げばいいでしょう。

こういった相続にまつわる対策というものは、個人でやればいいのであって、わざわざMS法人をつくって、ことを難しくしてまでやる必要はないのです。

実際、相続対策として子どものためにMS法人をつくる父親がどれくらいいるでしょうか。やはり現実味に欠けるといわざるを得ません。

「高層マンションを買う相続税対策」には条件がある

NG!

院長から子どもへの相続税対策として、タワーマンションなどの高層マンションを取得し、賃貸することがおすすめである。

「小規模宅地の評価減」という税額軽減措置を利用することで、相続税を大幅に削減することができる。

医師で高層マンションを購入する人が多いそうです。

なぜ高層マンションなのでしょうか。もちろん、所有していることのステイタスもありますが、相続税対策として最適だとされているからです。

高層マンションはその眺望のよさから販売価格が高く、人気があります。タワーマンションなどにおいては、低層階よりも高層階のほうが販売価格が高くなるため、高層階では実際の建物の時価と相続税評価額とのあいだに大きな乖離が生じます。

例えば購入額が4000万円の低層階でも、1億円の高層階でも、評価額は同じなのです。この乖離を利用して、相続税を節税しようというのです。

高層マンションを賃貸にした場合は、相続税評価額は建物部分については30%、土地部分については20%程度を引き下げることができます。

さらに、小規模宅地の評価減などの特例（貸付不動産）を適用すれば、その評価額を最大50%まで下げることができます。

「小規模宅地等の特例（小規模宅地の評価減）」とはどのようなものか、説明しましょう。

居住用宅地や事業用宅地に対して、そのまま相続税を課税してしまうと、相続税を支払うために、その宅地を売却しなければならない事態に陥る可能性があります。それを避けるために、相続後も引き続きその居住地に住み続ける、または事業用として継続して使用し続ける場合に、その宅地等の評価額を一定の割合で減額し、そのまま居住したり、事業を継続したりしやすくする特例を設けているのです。

小規模宅地等の特例において「特定事業用宅地等の要件」があります。それは、被相続人が病医院を営んでいた宅地等を、事業承継者である子どもなどの親族が取得し、申告期限まで引き続きその宅地等を保有し、かつその事業を営んでいる場合には、400㎡までの評価額については80％減額されるというものです。

例えば父親が医院を営んでいて、息子がそのまま事業承継する場合、その土地についいては400㎡までは80％も評価額が安くなるのです。これは非常にありがたい特例ですよね。また、自宅（特定居住用宅地）の場合も330㎡までは80％も評価額が安くなります。

これが適用となれば、大きな節税になることは間違いありません。相続税の計算をするときに、本来なら5000万円の不動産であっても、その2割の1000万円で計算してくれるのです。

さて、ここからがポイントです。

この「特定事業用宅地等の要件」に基づいて、小規模宅地等の特例を限度面積まで受けている場合は、高層マンション（貸付不動産）の小規模宅地の評価減の特例は使用できないのです。

考えてみてください。病院を経営している開業医の場合、断然「特定事業用宅地」での小規模宅地の特例を受けたほうが有利ではないでしょうか。

ですから、あえて高層マンションを購入して貸し付けることに、意味はないのです。もちろん、高層マンションを購入することは自由ですが、単純に「高層マンションを買うと節税になります」という理由だけで購入することに意味があるのかどうか。医院を借りている人は別ですが、少なくとも、すべての人が高層マンションで節税ができるとは限りません。税金のことを知ったうえで検討する必要がありそうです。

コラム

税務署はしっかり見ている！　医師と歯科医師の相続

税務署から見て、医師や歯科医師の相続とは、どのようなものなのでしょうか。

ひと言でいうと、医師や歯科医師は税務署から見て「注目業種」であることは間違いありません。なぜなら、高額納税者であるためです。

最近では、病院数の増加や、国民医療費の抑制などにより「開業医＝資産家ではなくなった」「収入にも格差がつくようになった」といわれることもあります。

しかし、私たちが実際に接していくなかで受ける印象としては、首都圏でも地方でも、まだまだ元気な業種であり、従来通り〝開業医はお金持ち〟であり〝高額納税者〟です。

税務署が注目する業種であるにもかかわらずというべきか、そうであるからなおさらというべきか、意外にもお医者さんが脱税で逮捕されてしまうケースが少なくありません。最近の例をいくつか紹介しましょう。

【母親名義の口座から現金を引き出し相続税を脱税した愛媛県の医師】

母親が亡くなるまでの3年間、母親名義の口座から50〜90万円ほどを何度も引き出し、自分の口座に移すほか、自宅金庫に保管して分散。約3億5000万円分を申告せず、相続税約1億1700万円を脱税したとして、愛媛県の医師が起訴されました。

弁護側は、母親名義の預貯金は、この医師が院長を務める医院の医療収入によるもので、母親から「キャッシュカードをつくって現金を下ろして保管しておくように」といわれていた、と主張しましたが、検察は「強い犯意に基づき、遺産を隠した」と指摘。4700万円の重加算税を支払っています。

【虚偽の申告で相続税1億2600万円を脱税した山形県の医師】

母親からの遺産相続で相続税約1億2600万円を脱税したとして、男性医師が相続税法違反の罪で在宅起訴されました。

起訴状によると、男性医師は母親の遺産を親族と共同相続。相続人全員分の課税価格は約5億4200万円でしたが、有価証券や預貯金を除外して、相続税の課税価格を約2億6800万円と偽って申告しました。
おそらくこの医師の父親も医師で、母親にも資産があったのではないでしょうか。医師はもちろん国家資格ですが、相続税法違反の罪が確定となると犯罪者となり、免許の停止は免れないでしょう。

医師という名誉ある職業についているからこそ、脱税などを起こしてはその地位も地に落ちてしまいます。噂もたちまち広がってしまうでしょう。どんなに立派な理念を掲げている病院だったとしても、税金をごまかすような医師に診てもらいたくはないでしょう。

医者は信用が第一です。くれぐれも税金との向き合い方には気をつけていただきたいものです。

第4章

相続のプロが教える「医師・歯科医師」ならではの相続のヒント

きょうだいは最大の利害関係者

この章では、相続をスムーズに進めるコツを紹介しましょう。

相続をする側、つまり私たちから見てお客様の願いは明確です。

それは、「コストをかけずに」「手間をかけずに」相続したいということです。

「コスト」とは、相続税と登記費用、税理士の報酬になります。このなかでも最も重いのが、当然ですが相続税になります。

また「手間」とは、ズバリ遺産分割協議のことです。


相続をスムーズに進めるにはいくつかコツがあります。

最も重要なのは、「遺産分割でモメない」ということでしょう。では、モメないためにはどうすればいいのでしょうか。

手間もストレスもかからないスムーズな相続のために知っておきたいことの第一は、相続時、

「最大の利害関係者はきょうだいである」ということを強く認識しておくことです。

遺産分割協議は、全員合意でなければなりません。全員が顔を合わせ、とことん話し合う必要があるのです。相続は、人生のなかでも何度もない重要な場面であり、きょうだいの関係に最も影響のあるイベントともいえます。

経験上、相続がすべて終わってしまうと、きょうだいの関係は徐々に疎遠になっていくことが多い印象を受けます。逆にいえば、相続が終わるまでは、相続があることを念頭において、細やかに気をつかうことが大切です。

医師の相続のケースでいえば、医師を継ぐことになる子どもは、特に普段から事あるごとに周囲に気をつかう必要があるでしょう。

気をつかうべきは「医者ではない兄弟姉妹」です。

医者を継ぐことになる子どもはそもそも多忙です。そういった人は、モメ事は時間のムダだと思っています。趣味などに関心が高い人も同じです。ほかにやらなければならないこと、楽しいことがある人は時間をムダにしたくないのです。

医師ではない兄弟姉妹が、仕事も趣味もなく、時間に余裕があるケースでは、モメる可能性が高まります。

このようなタイプの人が兄弟姉妹にいたら、この人にこそ気をつかうべきです。

例えば、法事や子どもの結婚式をするときはお土産つきにする、交通費を持たせるなどしたほうがいいでしょう。そこにお金を使うことで、将来、相続の際に起こるかもしれない批判をやわらげることができます。

私どもはこれをよく、「気をつかってお金を使う」とお伝えしています。これが、相続でモメることを防ぐコツなのです。

また、甥や姪の入学祝い、成人祝い、結婚祝いなどにもお金をはずんだほうがいいでしょう。毎年あげる必要はありませんが、ここぞというときにピアノなどの大きな金額のものをあげるのが印象に残るいいやり方だと思います。

きょうだいの構成は、あとから変えることができません。もちろん利害関係者だからといって、戦闘態勢でいろというわけではありません。本来、きょうだいはそのような存在ではないはずです。

きょうだいの関係は、ある意味、親子関係よりも難しい面があります。親が健在なうちは交流もありますが、両親が亡くなり、二次相続も終わってしまえば、ほとんど交流がなくなることも多いでしょう。

モメるモメると脅すようなことばかり書いてしまいましたが、もちろんうまくいっているきょうだいもいます。目先の損得にとらわれず、長期的な視点で考えることが、相続のときにモメないコツなのです。

相続は待ったなし！ リミットは10カ月

スムーズな相続のコツの2つ目は、きょうだいなど相続人のあいだで相続後のスケジュールを共有することです。

相続税は、親が亡くなり、相続が発生してから10カ月以内に申告することになっています。10カ月もあれば十分だと思うかもしれませんが、そのあいだにやらなければならないことが山のようにあり、10カ月はあっという間に過ぎてしまいます。

親が亡くなった時点で相続ははじまりますが、最初の2カ月は、葬儀に加えて各種手続きや四十九日の法要など、いろいろなことに追われているうちに過ぎていってしまいます。実質的に、残りの8カ月のあいだにおこなわなければならないケースがほとんどです。

相続開始から相続税申告までの流れを説明しましょう。

最初におこなうべきは、遺言書の有無を確認することです。遺言書があれば、その後の遺産分割協議は基本的に遺言書の通りにおこなわれます。遺言書で指定された人が、指定された財産を相続します。

序章でも述べたように、医師はほかの資産家に比べても、遺言書を残しておくケースが多い職種です。従って、ここで遺言書があれば、モメるケースはかなり減るといえるでしょう。

遺言書がない場合は、相続人のあいだで遺産分割協議をおこない、遺産をどのように分けるか相談します。その準備においては、税理士に財産目録をつくってもらうのが一般的です。私たち税理士は、「相続財産の評価」といって、故人が残した財産をすべて調べて明細を作成することをおこない、相続税について説明するのが役目です。

ただし税理士は、どう相続したらよいかという相談には乗れません。これは法律事務にあたるため、弁護士法違反になってしまうからです。

大切なことは、相続人はとにかく早めに動いて、税理士に相談をすることです。ただ、葬儀直後はそれどころではないでしょう。

典型的なパターンでいうと、最初の2カ月があっという間に過ぎたら、次の4カ月で税理

【図表12】相続の手順とその期限

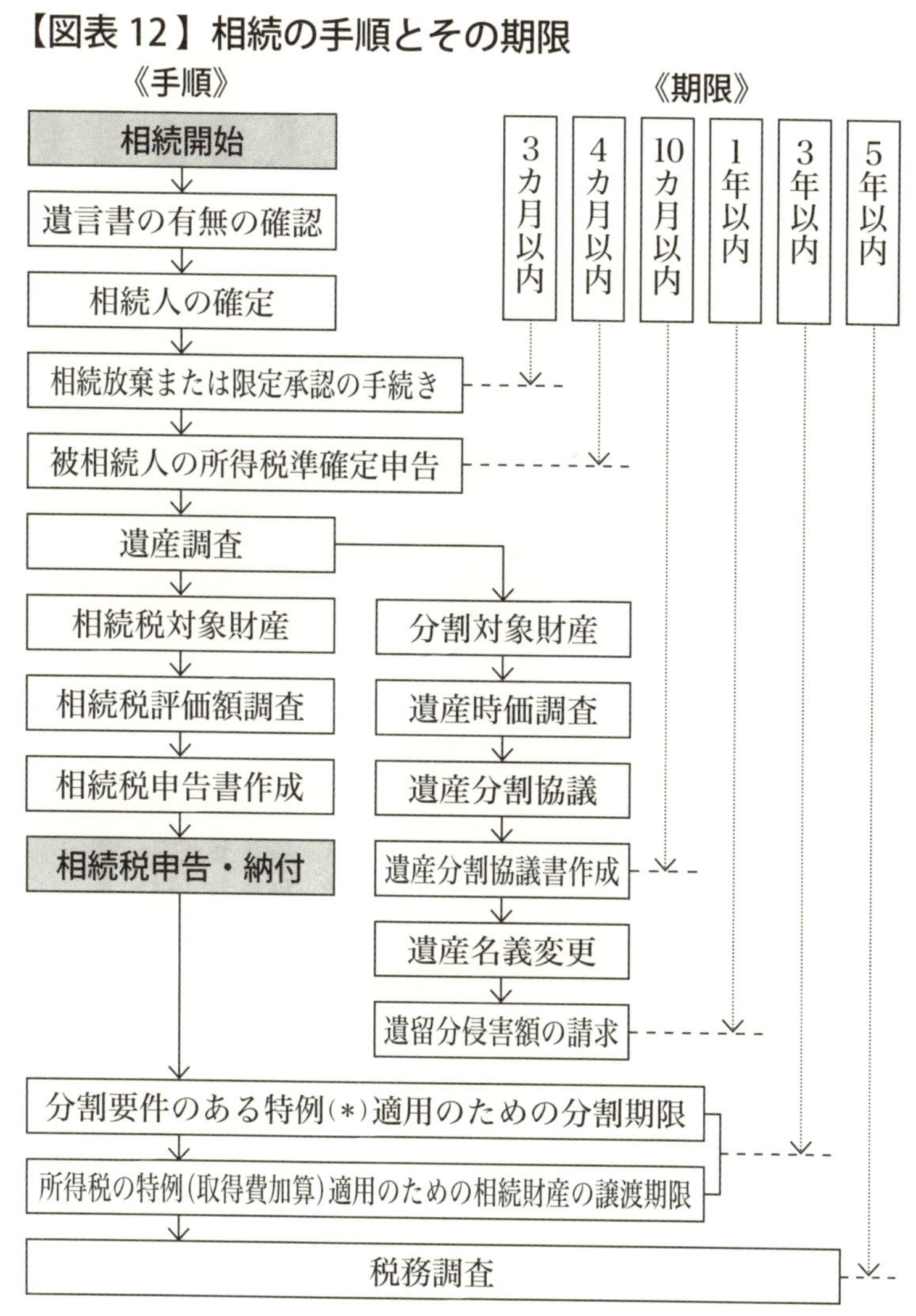

＊配偶者の税額軽減（相続税法第19条の2）及び小規模宅地の評価減（租税特別措置法第69条の4）

士に依頼して相続財産を確定。残りの4カ月で遺産分割協議をして相続税の申告書をつくるという流れです。

実質的に動くことになる8カ月間では、きょうだいなどの相続人全員がスケジュールを共有し、進捗状況を把握しておくことが、モメない相続のコツです。共有していないと、「まだ進めていないのか」「どうなっているの？」などといわれて、モメることになります。

例えば医師を継ぐ長男などがリーダーシップをとり、「今ここまで進んでいますよ」と、常に現状を報告する姿勢をとっておくのがおすすめです。

遺産分割協議がまとまると、「遺産分割協議書」を作成し、相続税を計算します。そして「相続税申告書」を作成して税務署に申告、相続税を支払うという手順になります。

相続税申告書の提出期限は、相続税の支払い期限と同様に10カ月以内です。

相続税の課税対象なのに、期限までに相続税の申告をしないと、無申告加算税が課せられます。

さらに、相続税を支払わなければならないのに支払いが遅れると、延滞税が課せられてしまいます。注意しましょう。

納税は現金納付が一般的で、医師の納税方法のデータでも、ほとんどが現金納付です。

ただ、相続税を今すぐ払えない場合は、延納、物納という方法をとることも可能です。物納は、現金納付や延納でも支払いができない場合に認められます。

モメて損をするのは相続人自身

私たちはよく、「モメて損をするのは相続人、得をするのは税務署」であるとお話ししています。相続でモメてしまい、それが長引けば長引くほど損をします。

相続税の申告期限までに話し合いがまとまらず、遺産が未分割のままだと、税金を安くしてもらえる特例のほとんどは受けられなくなります。

相続の際に受けられる特例の代表的なものには、次の3つがあります。

1. 配偶者の税額軽減（原則として申告期限から3年）
2. 小規模宅地の評価減（原則として申告期限から3年）
3. 取得費加算の特例（申告期限から3年）

1は生存配偶者に対し、課税価格（相続財産から債務や葬式費用などの控除額を差し引き、一定の生前贈与額を加算した金額）が、次のア、イのどちらか多い金額まで、相続税がかからないというものです。

ア／1億6000万円
イ／法定相続分（通常は2分の1）相当額

大ざっぱなたとえですが、受け取る遺産が1億6000万円と総財産の半分のいずれか大きい金額未満なら、相続税は0円ということになります。

このため、一次相続では遺産のすべて、あるいは大半を配偶者が相続するケースが多くなっています。この特例は申告期限から原則3年です。

2は、第3章でも少しお話ししましたが、相続した家に住み続ける場合の優遇措置です。相続した自宅の敷地の評価額が限度面積の範囲で8割安くなります。夫が亡くなっても、妻はその家に住み続けますから、「小規模宅地の評価減」が適用されると、相続税が大幅に安くなります。この特例も、申告期限から原則3年です。

3の「取得費加算」は、相続により取得した土地や建物などを売却した場合、相続税額のうち一定の金額を売却した物件の購入代金に加算して差し引いてくれるというもの。これもまた、申告期限から3年となっています。

繰り返しますが、モメているうちに長引き、特典が受けられなくなり、損をするのは相続人です。そして得をするのは税務署です。

相続人は、共通の敵を認識する必要があります。共通の敵とはもちろん、ここでは税務署になります。

どんなにモメていても、共通の敵を認識し、なんとか10カ月以内に納めたいものです。

先ほども申し上げた通り、医師の場合、後継の医師は多忙なため、遺産分割協議ではありごちゃごちゃといっている暇がないのが現実です。争いで時間をムダにしたくないからです。

一方、医師ではない相続人は時間がある可能性があります。時間に追われている分、後継者である医師は少々不利な面もあるかもしれないということを知っておきましょう。

争うのはムダだとわかっているのに、なぜ争うのか

争わないほうがいいということは、相続人全員が知っているはずなのに、なぜモメてしまうのでしょうか。

これは医師に限ったことではありませんが、大体はきょうだいで争い事が起きます。「相続」が「争族」になってしまうのです。

その理由は実はシンプルで、私たち人間にとって、自分に身近な人間ほど面白くないという傾向があるからです。

例えば自分が知らないはるか遠いところに誰か独裁者がいて、その独裁者が勝手なことをやっていたとしても、それほどの怒りは感じないのではないでしょうか。あまりにも遠い存在ですし、自分の生活に影響がなければ、ひがみもしなければ妬(ねた)みもしないでしょう。

ところがきょうだいという小さな世界では、違います。

小さい頃から一緒に育ってきた身近な存在から、何か自分にとって不利益なことや自分

に不快なことを与えられると、面白くないのです。ですから、身近な人間だからこそ争ってしまうというわけです。しかも、きょうだいでありながら相続人同士となるわけですから、何かが起こっても仕方がない一面もあります。

前項でモメごとが長引いて特典が受けられなくなる話をしましたが、申告期限から3年という時間は、驚くほどあっという間に訪れます。相続でモメて家裁の調停や審判になったとき、最終の審判はまず「法定の相続分に従って分けなさい」となります。

さんざん争ってきて、結局は法定の相続通りとなるのです。それができないから争っているのにもかかわらず、です。考えてみれば、これほどの時間と労力のムダはないのではないでしょうか。

特に医師にとって「時間」はキーワードとなります。医師は毎日が時間との闘いだからです。万が一、モメることが予想される場合には、時間をいかに節約するかを考えなければなりません。

そこで重要になってくるのが「誰に頼むか」です。

仕事でも同じですが、誰に頼むかによって、自分の時間に余裕が出てくるのです。最悪なのは、できない人に頼んでしまうこと。できない人にできない仕事を頼むと、結局は自分に返ってきます。タイム・イズ・マネーとはよくいったもので、相続でお金の争いをしているうちに、お金以上に大切な時間を失うことになるのです。

税理士だけが知っている、「いい税理士」の見極め方

遺産分割協議はあくまでも相続人同士でおこなわなければなりません。先ほどもお話ししたように、私たち税理士はどう相続したらよいかの相談には乗れません。ときどき相続人に「うまくまとめてください」とお願いされることがありますが、私たち税理士にはそれはできません。

ただし、「みんなの前で説明してください」といわれたら、もちろんできます。相続人の皆さんの前で説明させていただいたうえで、「あとは皆さんで話し合ってください」というお膳立てはできます。

時間を有効に使うためには、いい税理士を見極めることが重要です。

税理士選びのポイントがいくつかあるので紹介しましょう。

①こちらの気持ちに寄り添ってくれる

これは自宅に来てもらえればすぐわかります。

税理士というものは、財産を評価して税金を計算することが仕事、お金の勘定ばかりしている人、というイメージがあるかもしれませんが、決してそんなことはありません。

代表社員税理士の天野がよくいう言葉に、「論より焼香（しょうこう）」というものがあります。

相続を専門にしている私たちのような税理士は、法人との契約がほとんどの一般の税理士とは違い、お客様のお宅に上がって仕事をすることが多くなります。そこでは、お金の話ばかりしていては、信用されないのです。

私たちがお宅にお邪魔したときはまず、「お線香をあげさせていただけませんか」と申し出ます。そうしないと落ち着かないのです。そして手を合わせ、お客様のご先祖様に心の中でこのようにお願いします。

「このたび、お手伝いをすることになりました。一生懸命お手伝いしますので、どうぞごきょうだいがモメないようにお導きください」

こうして、お客様の気持ちに寄り添うことを第一にしています。それが、理論や専門用語で説明するよりも、ずっと大切なことです。新しく入ったスタッフにも、このことを必ず伝えています。

難しい説明よりも、お線香を1本あげたほうが、お客様の信頼を得られるのです。

これが名付けて「論より焼香」です。

手を合わせるという行為は、人を素直にさせるものです。遺産分割協議の前と後は、こうして私たちが手を合わせることで、相続の関係者が素直な気持ちになれるのではないかと信じています。

相続人に寄り添える相続の専門家であるかどうかは、言葉づかいひとつにもあらわれるように思います。ある税理士の話ですが、お客様の家で、「預金、これしかないんですか」といったところ、お客様に叱られたといいます。

実はこの税理士さんは「A銀行のほかにも、B銀行にも預金があるのではないですか」という意味でそのようにいったのですが、お客様は「預金が少ないですね」という意味にとられたのです。

つまり、発する言葉ひとつとっても、どのような言葉を選ぶかがとても大事だということです。ちょっとした言葉の行き違いで、寄り添えなくなってしまうのです。

②催促しなくても動いてくれる

例えば、お客様から電話がかかってきて、「あの件はどうなりましたか?」と聞かれたらおしまいだ、ということです。

とにかく催促される前に、早めに動けるかどうかが大切です。

「ジャネの法則」というものがあります。

よく年をとるとせっかちになるといわれますが、これは当たり前のことなのです。80代や90代のお客様に「急いではいないのですが、お返事をお待ちしています」といわれることがあります。それを素直に受け取って、「急いでいないのだから来週以降でいいか」などと思ってゆっくりしていると、「先日のあのお返事、どうなっていますか」と聞かれることがあるのです。

急いでないといっていたじゃないか、などと思ってはいけません。

年を重ねると、反応を早く求める傾向があります。相続のお手伝いをしていると特にそう実感することが多く、年を重ねているお客様ほど、スピードを求められることが多いため、私たちも催促される前に動くことを心がけています。

その理由が、この「ジャネの法則」なのです。

「ジャネの法則」は、19世紀のフランスの哲学者、ポール・ジャネが発案したものです。主観的に記憶される年月の長さは、年少者にはより長く、年長者にはより短く評価されるという現象を、心理学的に説明したものです。

年をとると時が経つのが早く感じるということは、本当のことだったのです。

例えば30歳の人にとって1年の長さは人生の30分の1ですが、90歳の人にとっては90分の1です。30歳の人にとっての1カ月は、90歳の人にとっては3カ月に相当します。ですから、同じ1カ月でも年をとればとるほど長く感じてしまうのです。

仕事でも「いつまでにやればいいですか?」と聞かない人が多いように思います。先に税理士のほうから「2週間後までにやっておきます」といわれたら安心ですね。

この「待たされる」というストレスは想像以上に大きいようで、「放っておかれた」「下に見られた」という印象を持たれるケースもあります。この法則を知っているだけで、接し方が大きく変わるのです。

③アンケートをとっているところに頼む

意外に思われるかもしれませんが、その税理士の業務終了後にアンケートをとっているかどうかも、大事な見極めポイントです。

ただ、アンケートは丸ごと信用してはいけないこともわかっています。なぜなら、アンケートに回答いただけるようなお客様は優しい方が多いので、「税理士さんに対してそんなに悪いことは書けない」と思われるからです。ですから一般的に、アンケートの内容はよいものになります。

しかし、なかには厳しい意見を書くお客様もいます。実は大切にしなければならない内容はこの厳しい意見のほう。

例えば「対応が遅い。意味がわからない専門用語ばかり使っている」などという意見もありますが、このような意見ほどありがたいものはありません。

表面上は「○○先生（税理士のこと）、いつもありがとうございます」と笑顔で接してくださるお客様の本当の気持ちがこれでわかります。スタッフ教育に、厳しい意見ほど効果的なものはありません。

人間はいっていることと思っていることが違うのだということに、改めて気づかされます。

だからこそ、あえてアンケートをとって、厳しい意見を聞いて改善しようという姿勢があるところを選んでいただきたいと思います。

④経験が長い人がいるところを選ぶ

最後のポイントは、できるだけ相続の手続きの経験が多く、長い税理士がいるところを選ぶということです。

お客様が税理士に面談したときにまず思うことは「この人は経験があるかどうか」「この人は役に立つのだろうか」。それを見抜きたいのではないでしょうか。

聞かれなくても経験談を話すような税理士の場合は経験が長いといえるかもしれません。例えば聞かれる前に「お名前は出しませんし、内容は少し変えますけれども、ついこのあいだもこのようなお客様がいらっしゃいまして……」というお話がすぐできるかどうか。

また、どのビジネスにもいえることですが、結論から話すかどうかも重要なポイントです。

例えばお客様の家に行くなり、このようなことをいいます。

「今日は分割協議の案を持ってきまして、いくつかご提案するものがあります」

「申し訳ございません。今日は謝りに来ました」

など。今日は何の話をするために伺ったかを先にお伝えするのです。

また、経験が長ければ長いほど、想像力が豊かになります。手前味噌(みそ)ですが、私たちの会社にも経験が長い税理士が何人もいます。当然、若い社員から相談や報告を受けます。それはそのご実家の今後の提案であったり、共有の解消の提案だったりします。

「お客様がこんなふうにおっしゃっていて、このように提案したいのですが、いいでしょうか」と相談されたとき、たいていのことはOKなのですが、なかにはときどき、「ちょっと待って」という場合があります。そして、そのお客様はどういう方で、何を大切にしている方かを聞きます。長年の経験からくる勘が働くのです。それで「このようにいうといいよ」、あるいは「これはいわないほうがいいのでは」とアドバイスをすると、結果的にその通りだったことが多いのです。

これは経験からくる勘なので、どんなコツがあるかと聞かれてもなんともいえません。一般的にプロと呼ばれるのには15年が必要といわれています。税理士を選ぶポイントとしては、その人が15年以上、相続を専門としているか、あるいは15年以上相続を専門としている上司がいるかという点を見るといいでしょう。

ちなみに、「相続が得意な」弁護士はいますが、「相続専門の」弁護士はいません。私たち税理士も、お客様からよく「相続が得意な弁護士さんを紹介していただけませんか」といわれることがありますが、弁護士さんを紹介するのは法律違反になるため、できないのです。

ですから、お願いされても、「今までこのような弁護士さんにやっていただきました」と複数の弁護士さんが記載された紙をお渡しするにとどめています。

相続人になる人、ならない人

相続人には誰がなるのでしょうか。血縁関係にあっても、遺産を相続できる人とできない人がいます。相続人になれる人、なれない人、その範囲や優先順位は民法で定められていて、遺産を相続する権利がある人を「相続人」と呼んでいます。

難しい話はさておき、簡単にいえば、第1順位は配偶者と子どもです。子どもが亡くなっている場合は子どもの子、孫になります。これが第1順位です。いわゆる直系といわれています。

配偶者がいて子どもがいればそれでおしまいですが、子どもがいない場合は少しややこしくなります。相続の対象者について、簡単に説明すると次のようになります。

①配偶者

配偶者は常に相続の権利がありますが、同居していても婚姻関係にない、いわゆる内縁関係の場合は、相続の権利はありません。離婚した場合も同様です。

②子ども

子どもも常に相続の権利があります。実子はもちろん、養子であっても、婚姻関係にない相手の子ども（故人が男性の場合は、その子を認知していることが必要）でも同様です。先にも説明しましたが、養子も相続人になることから、相続対策として祖父母が孫を養子にすることは、資産家ではよくあることです。ただし、医師のご家庭では養子をとることはほとんどないことは、すでにお話しした通りです。

③孫

本来の相続人である子どもが先に亡くなっていて、しかもその人に子ども（故人にとっては孫）がいる場合、その孫が相続人になります。子どもも孫も亡くなっている場合は、ひ孫が相続人になります。

④親

故人に、子どもも孫（ひ孫以下）もいない場合は、故人の親が相続人になります。

⑤きょうだい（兄弟姉妹）

故人に子ども、孫（ひ孫以下）、親もいない場合、故人のきょうだいが相続人になります。

もちろん、遺言書を作成しておけば、相続人でない人にも遺産を相続することができます。

民法で定められている「法定相続分」では、配偶者と子どもで相続するときは、配偶者が2分の1、残りの2分の1を子どもが均等に分けます。配偶者がすでに亡くなっている場合は、全体を子どもたちの数で均等に分けます。

この法定相続分はあくまでも基準です。ですから、相続人のあいだで話し合いがつけば、一次相続で配偶者が100％相続してもかまいませんし、二次相続で本家が多めに相続してもかまいません。これを話し合うのが遺産分割協議です。

また、法的に有効な遺言書があれば、法定相続分に関係なく、遺言書の内容に基づいて遺産を分割することになります。

これまでも説明してきた通り、医師は遺言書を残すケースが一般的なケースより多い傾向にあります。特にお子さんのなかに医師である子どもと医師でない子どもがいる場合は、遺言書によってスムーズな相続ができたケースもあります。

さらにお子さんが医師であるかどうかにかかわらず、生前から親子で十分な意思の疎通をはかっておくのも重要なことです。

「目に見えるもの」はすべて相続財産になる

そもそも相続税とは何でしょうか。

どなたかが亡くなることで相続が起こります。

相続があれば、それを受け取る相続人がいます。相続人については、前項で説明した通りですが、相続して財産をもらうほうになります。この相続人に対して、「財産を無償でもらうので、税金をかけます」というのが、相続税です。

亡くなった人は、相続税についてはノータッチです。ただ財産を残しただけなのですから。財産を残され、譲り受け、もらったほうに税金がかかるのです。

では、どんなものに相続税がかかるのでしょうか。

代表的なものは手元にある現金、預貯金、大きな不動産、投資信託や株式などの有価証券、ゴルフ会員権、家財、未収の配当金や車、貴金属、骨董品や美術品などがあります。

土地や建物などの不動産は、遺産分割協議に入る前に評価額を出しておかなければなりません。市街地にある宅地の場合は、通常、各国税局が公開している路線価が基準になります。路線価の数字は、国税庁のホームページで見ることができます。

また、上記のような相続財産のほかに「生前の贈与財産」と「みなし相続財産」というものもあります。

「生前の贈与財産」とは、相続によって財産を取得した人が、相続の開始前からさかのぼって3年以内に取得した被相続人からの贈与財産を受けた場合、または相続時精算課税の適用を受けた場合の財産のことをいいます。

すでに被相続人の所有財産からは外れた財産ですが、相続税を計算する際、本来の相続財産に上乗せされます。

「みなし相続財産」とは、被相続人からではなく、別な形で間接的に受け取った財産です。本来、被相続人の財産ではなくても、相続税の計算上はこれを相続財産とみなし、本来の相続財産に上乗せされる財産です。

保険金が下りた場合の死亡保険金、オーナー会社の場合は、死亡することによる会社からの退職金などがこれに当たります。これらは一定の限度まで非課税枠はあるものの、一応は課税対象になります。

では、相続税がかからない非課税のものは何でしょうか。非課税財産の代表はお墓や仏壇です。また相続税の課税対象財産から控除できるものもあります。それが債務、すなわち借入金です。銀行からお金を借りていれば、課税対象財産から控除されます。

さらに、厳密にいうと債務ではありませんが、亡くなったことによって出て行くお金として控除されるのが、葬式費用です。ちなみに、もらった香典（こうでん）にも課税はされません。税法は意外に優しく、出て行く葬式費用は控除されますし、もらった香典も社会通念上なじまないために、課税されないのです。

開業医の場合、亡くなったらできるだけ多くの人にそのことを知らせるのが望ましいでしょう。なぜなら、これほど地域に密着し、長くおつき合いする職業はないと思うからです。お医者様のお葬式には、いろいろな方がいらっしゃいます。思わぬところでお世話になっている場合もあります。親族は、葬儀の場で「先生にはお世話になりました」といわれることも多いのではないでしょうか。実にいい職業だと思います。

相続税がかかるもの、かからないものについてまとめると、要するに相続税の対象となるのは「目に見えるもの」で、お金で売買できるもの（お金に換えられるもの）であることがわかります。目に見えないものには相続税はかかりません。

開業医の場合、もちろん所有している医療機器には相続税はかかります。

一方、〝目に見えない〟院長である父親が守ってきた患者さんとの信頼関係や、地域貢献、医師としての姿勢には相続税はかかりませんが、しっかり受け継いでいくことができます。

相続税はこうして計算する

次に、いったい相続税がいくらになるのか、気になるその計算方法についてご説明しましょう。

例えば父親が亡くなり、相続人がその妻（母親）と長男、長女の３人。土地や預金などで1億5000万円の財産があったとする場合です。

結果からいいますと、747万5000円、およそ5％くらいの相続税がかかります。

相続税の額は、まず各相続人（ここでは妻と長男と長女の３人）が法定相続分を受け取ったと仮定して、それぞれの税額を算出し、合計します。これが相続税の総額になります。そして実際にそれぞれが納税する税額は、実際に各人が受け取った財産の金額に応じて、相続税の総額を案分して算出します。

算出には「相続税の速算表」を活用します。この表を見れば取得価額ごとの税率と控除額がわかるため、相続税を簡単に計算することができます。

また、相続税には基礎控除というものがあり、どの家庭でも引き算することができます。その計算方法は3000万円＋600万円×法定相続人の数です。この事例では妻と子ども2人になりますので、3000万円＋600万円×3＝4800万円となり、4800万円が自動的に基礎控除として引けるため、相続税がかかる財産は1億200万円となります。

ここからが重要なのですが、誰がどう受け取ったかは関係なく、法定相続分で計算をします。法定相続分については先にも説明しましたが、妻は2分の1、子どもは4分の1ずつに分けます。

妻の法定相続分は1億200万円の半分で5100万、長男、長女はそれぞれ2550万円ずつになります。そしてこの金額に税率をかけるのです。税率は「相続税速算表」を元にして計算しますから、ここでは妻の5100万円の場合は1億円以下なので、30％の税率をかけて700万円を引くと830万円になります（5100万円×30％−700万円）。

長男と長女はそれぞれ2550万円に15％をかけて50万円を引くので332万5000円になります。3者の額を合計すると相続税の総額は1495万円となります。

【図表 13】相続税速算表

法定相続分に応ずる取得金額	税率	控除額
1,000 万円以下	10%	−
3,000 万円以下	15%	50 万円
5,000 万円以下	20%	200 万円
1 億円以下	30%	700 万円
2 億円以下	40%	1,700 万円
3 億円以下	45%	2,700 万円
6 億円以下	50%	4,200 万円
6 億円超	55%	7,200 万円

（例）1 億 5,000 万円の財産を、妻と子 2 人の合計 3 人で分ける場合

●基礎控除

3,000 万円＋600 万円×法定相続人の数

→ 3,000 万円×600 万円×法定相続人 3 人＝ **4,800 万円**

●相続税がかかる財産

1 億 5,000 万円− 4,800 万円＝ **1 億 200 万円**

●法定相続に基づく分け方

・妻の法定相続分 1/2 → 1 億 200 万円×1/2 ＝ **5,100 万円**

・子 2 人の法定相続分 1/4 ずつ → 1 億 200 万円×1/4 ＝ **2,550 万円**

●相続税の金額

・妻の場合 5,100 万円（1 億円以下：税率 30%：控除額 700 万円）

→ 5,100 万円×30% − 700 万円＝ **830 万円**

・子 2 人の場合 2,550 万円（3,000 万円以下：税率 15%：控除額 200 万円）

→ 2,550 万円×15% − 50 万円＝ **332 万 5,000 円**

・合計 830 万円＋332 万 5,000 円×2=**1,495 万円**

ただし、ここで終わりではありません。配偶者には、先に特例で説明した「配偶者の税額軽減」があります。

つまり、①「法定相続分」または②「1億6000万円」のどちらか大きい額までは、税金がかかりません。このケースでは、配偶者が相続財産の半分を相続することを前提としていますので、747万5000円、すなわち1495万円の半分になり、747万5000円を長男と長女の2人で負担します。この負担の仕方は、多く財産をとった人が多く負担する制度です。

またもう1つ、配偶者が全部受け取った場合について触れておきましょう。

配偶者が財産を全部取得した場合には、限度はあるものの、相続税はゼロになります。まとめますと、配偶者が半分の財産を受け取った場合は747万5000円で財産の5%くらいの相続税に、配偶者が全部受け取った場合はかからない、ということになります。

ちなみに、財産が3億円の場合は、計算方法は同じようにおこないますが、2860万円の相続税となり、およそ財産の10%程度になります。

相続税は、財産が増えれば増えるほど税率が上がる、累進税率となります。現在の最高税率は55%ですから、資産家にとってはそれだけ大きな税金がかかってくるということになります。

医師も資産家であるケースがほとんどですから、相続税の「節税対策」に関心が高いのもやむを得ません。しかしながら、本書で繰り返し申し上げているように、それほど慌てたり、節税対策に躍起（やっき）にならなくても、できることはたくさんあるのです。

葬儀、しのぶ会をおこなうことの大切さ

最近は盛大に葬儀をおこなうケースよりも、家族葬など内輪で葬儀を済ませる人が増えているようです。

「親しくしていただいていた方も多いけれど、亡くなっている方も多いだろう。お知らせしても、かえってご迷惑になるかもしれない」

「来る人も高齢で大変だろうから、ひっそり家族葬にしよう」

高齢の親が亡くなると、このようなことを考えてあえて家族葬にすることが多いようです。

しかし、このようなご相談を受けた場合、私たちは「ちょっと待ってください」と申し上げることがよくあります。私たちの経験上、葬儀を執りおこなう家族のあとあとの手間を考えると、身内だけではなく、友人や知人、またお医者様の場合は特に、近所の皆さんや患者さんたちが参列できる葬儀にすることをおすすめします。

例えば、このようなことがあります。

家族葬をひっそり執りおこない、家族がほっとしていたある日のこと。お世話になったという人が次から次へと訪ねてくるのです。お線香だけでもあげさせてほしいと。しかも、自宅に突然、当然のことですがアポなしです。

そのたびにご家族は「ありがとうございます、どういうご関係だったのですか」とお話を聞きます。

大変ありがたいことではありますが、そのたびに対応する家族は大変です。しかも、日時や時間を問わず訪ねてこられ、そのほとんどが〝見知らぬ訪問客〟です。

ご高齢だから、来るのは大変だろうと思われるかもしれませんが、ご高齢者であればあるほど義理がたい人が多いものです。

関係者が少ない方はいいですが、医師の場合は地域とのかかわりも深く、おつき合いも多いはずです。特に開業医である場合は、「先生にはお世話になりました」と手を合わせ、感謝の意とお別れをしなければ気が済まないというケースも多いのではないでしょうか。

確かに葬儀を執りおこなうのは大変ですが、大変なのは一時（いっとき）だけです。むしろ家族葬にしてしまうと、あとあとが大変です。

やはりきちんとお知らせして葬儀をおこない、お別れの場をつくってあげるほうが、本当の意味で疲れないのです。

さまざまな理由で葬儀をおこなえない、またはおこなわない場合もあるでしょう。

そんなとき、「しのぶ会」「お別れの会」を開くという方法もあります。医師はさまざまな人との交流も多く、大学の先輩後輩の関係者なども多いでしょうし、生前お世話になったので、ひと言お礼をいいたいという人も少なくないでしょう。

実際に代表社員税理士の天野がある医師のしのぶ会に出席し、とても心が温まったそうです。先生にお世話になった後輩たちの有志が執りおこなったそうですが、そのときはお香典という形ではなく、運営資金を寄付するという形でした。

遺族は意外に、故人がどのような交友関係を持ち、どんな人にお世話になったか、あるいはお世話をしたかはわからないものです。むしろ友人知人の方がよく知っています。そんな人たちがボランティアで「しのぶ会」を執りおこなうのは、素晴らしい方法です。

もちろん葬儀を執りおこなうのもいいですが、医師という職業を考えると、見送る側はむしろお世話になった先生のことを思い、「しのびたい」のではないでしょうか。お葬式ほどの湿っぽさはなく、故人の功績や経歴も披露できますし、出席者は自分なりに故人との思い出に浸ることもできます。

医師という職業だからこそ、こんな方法もあるのだということを頭に入れておくといいのではないでしょうか。

「相続後」にもやるべきことがある

相続をしてさあ安心、というわけにもいかないのが現実です。

実際に相続後を甘く見てはいけません。どういうことかというと、第一に、母親の今後の生活を考えた相続をしなければならないということです。

序章でも少し触れましたが、父親が亡くなったときに発生する一次相続と、母親が亡くなったときに発生する二次相続のあいだには、実に18年もの年月があります。つまり、夫が亡くなってから妻が亡くなるまでに18年あるのです。父親が亡くなったら、数年して母親が亡くなるイメージを持っている方が多いかもしれませんが、現実は思ったより「長い」と思いませんか。

普通は、一次相続が終わったらすぐに二次相続がやってくると予想し、子どもたちはそろそろ次の世代の自分たちのことを考えよう、となりがちです。でも、実際は18年もありますから（ちなみに妻が先に亡くなった場合、夫が亡くなるまでは11年）、父親亡きあとの母親の今後の生活を考えて相続をすることが重要になってきます。

私たちが「一次相続はすべて配偶者（母親）に」といっているのは、こういうわけなのです。

父親が亡くなったとき、母親と長男をはじめとしたきょうだいが遺産分割協議をします。そのとき母親が「私ももう若くないし、あなたたちに任せるわ」といったとしましょう。

実際よくあることです。子どもたちにはうれしい話ですよね。それだけ信頼されていると思い、その言葉を真に受けてしまうのも当然でしょう。

しかし、よく考えてみてください。母親は「あなたたちに任せる」といってくれたものの、今後の生活はどうなるのでしょうか。

おそらく18年にも及ぶ今後の母親の生活設計を考えた遺産分割協議を一次相続のときにしておかないと、二次相続の前に母親から「あなたたち、ああいう仕打ちをしたわね」といわれる可能性があります。

これは嘘のような本当の怖い話です。母親が本音をいわず、実際に18年間の子どもの仕打ちから「面白くない」と思い、遺言によって財産を違う人のところに渡したりするという話もないわけではありません。

「あなたたちに任せたわ」といわれたときこそ、子どもたちは母親の18年の生活が心地よいものになるように、しっかり考えなければなりません。

そのためには、子どもたちは「お母さんが全部相続すればいいよ」と伝えてあげるべきだと思います。

確かに資産規模が大きい医師のご家庭の場合、二次相続の相続税が負担になるため、一次相続で子どもたちが多く相続したほうが節税にはなります。しかしこれは計算上のこと。残された母親の生活のほうがずっと大切です。

すべて母親が相続しても、配偶者の税額軽減、小規模宅地の評価減などの優遇措置があるため、よほどの資産家でない限り、相続税はかかりません。

もしも二次相続で税金が高くなることが心配であれば、どれくらいの差額になるのか、税理士と相談して比較してみるといいでしょう。正直な話、数百万円までならたいした話ではないのです。それよりも、母親の18年の生活のほうが大切です。

例えば段差がないように、冬に寒くないように全館空調など家をリフォームする、または経済的に余裕があれば別宅をつくるなどの配慮をすると、喜ばれるとともに節税対策にもなります。親の預貯金が建物に変わることで相続税評価額を低くでき、相続対策になるというわけです。

ただし大切なのは、あくまでも相続対策ありきではなく、母親の生活の質を向上させるためにリフォームなどをおこなうことです。その結果として相続税が安くなるというのが、スムーズなやり方ではないでしょうか。

節税より生活優先、さらにいえば、節税よりも心情優先です。

相続対策は一次相続と二次相続のあいだにするものなのです。18年も時間があるのですから、あせらずゆっくり進めていけます。むしろ、一次相続で相続を一度経験していますから、母親とは相続についてざっくばらんに話しやすい環境になっているでしょう。

相続対策よりも親とのコミュニケーションを

二次相続で親とモメないためには、日頃から親とコミュニケーションをとっておくことが大切です。

〝信頼されない子ども〟にならないために、一次相続と二次相続のあいだにやるべきこと、やってはいけないことがあります。

親と同居していたり、近所に住んでいたりする長男夫婦の場合は、「いつでも親から話が聞ける」と思い込みがちです。

それは確かにそうでしょう。一緒に住み、あるいは近くでいつも様子がわかると、親に対して気になることもありますし、話をすればモメることもあります。だからこそ「話はいつでも聞けるから今度でいいや」と思ってしまうのです。

〝親に信頼される〟とは、いろいろな話ができること、話を聞いてもらえることではないでしょうか。

親が子どもに話をするには、順序があります。親子といえども、心を開く話の仕方のステップがあるのです。

悪い例から話しましょう。普段はたいしたコミュニケーションをとっていないにもかかわらず、いきなり親に「相続の話なんだけどさ……」と持ち出す。「僕たちが困らないようにしておいてほしいんだけど、どうなってる?」などといったらどうでしょう。

当然、親としてはいい気持ちはしませんね。

繰り返しますが、親に気持ちよく相続対策を進めてもらうためには、相続対策を迫る前に、日頃からいかにコミュニケーションをとれているかが重要なのです。

相続対策を実行するのは親御さんですが、相続税が安くなるのは、子どもである推定相続人です。ですが、子どもといえどもその多くが50代の立派な大人。80代、90代の親が積極的に動くケースは多くはありません。

50歳でも親に甘えてしまうのが子どもというもの。しかし、今一度「もしこれが他人だったら、こんなことがいえるだろうか」「こんなに甘えられるだろうか」と考えてみると、冷静になれるのではないでしょうか。

相続対策のポイントは、まず子どもが「聞き上手」になることです。

聞き上手になることは、思ったほど簡単ではありません。親の言葉につい口を挟みたくなったり、年老いた親にアドバイスをしたくなったりしてしまうものだからです。

でも、話を聞くことで本音が垣間見えることがあります。私たちも、お客様との雑談のなかから、その方が本当に望んでいることを聞き出す必要がありますが、そのためには、まず何よりもお話に耳を傾けることなのです。

ポイントは、子どもが親と同じ言葉を繰り返すことです。

母親が「最近、膝が痛くて買い物に行くのも大変なのよ」といったら、「ああそう。膝が痛くて大変なんだね」と繰り返すのです。

間違っても「ちゃんと病院で診てもらってるの?」「転んで骨折でもしたら、寝たきりになっちゃうよ」などといってはいけません。お母さんはただ話を聞いてほしいだけで、アドバイスや解決策を求めているわけではないのです。

聞き上手になって同じ言葉を繰り返すうちに、話が進んでいきます。そのあとで少し質問を加えてみます。「膝が痛いんだね。ほかに痛いところはないの?」と。すると聞かれたほうは気分がいいものです。信頼関係が築かれていくと、次の段階に進みます。

病気になったらどうするか、介護施設に入りたいかどうか、終末医療はどうするか、などです。

親の口から子どもに伝えておきたいことは、必ずあります。やがてお墓のことや、遺言のこと、そして相続対策のことも話し合えるようになってくるでしょう。

親が子どもに話をしたくなる3ステップ

親が子どもに話をするには、順序があります。これを私たちは親から信頼を得る3つのステップといっています。

最初のステップとしては、子どもが1人で親の自宅を訪ねて会話をすることです。おすすめは「自分の誕生日」。お子さん自身も年齢が高くなっていますから、自分の誕生日を祝うことはなかなかないかもしれませんが、誕生日に誰に感謝するのかというと、自分を産んでくれた「母親」です。

「今日は僕の誕生日で○歳になったけれど、今から考えると幸せな人生だと思う」などといえば母親は喜ぶでしょう。「産んでくれてありがとう」までいえれば最高ですが、特に男性の場合は照れますね。直接感謝を伝えることが難しければ、手紙でもいいのです。自分の誕生日に感謝の手紙を送りましょう。

さらに話をしながら家系図を書くのもいい方法です。例えば60歳の子どもが「自分の子ども（親から見れば孫）が結婚するんだ。相手の家にもうちの家のことを伝えなくてはならないから、家系図を書いているんだけど、このおじさんってどんな人だったの？」などといった話をするのがポイントになります。

このような話をしているうちに、前項でお話ししたような、もう少し深い話ができるようになってきます。これが2つ目のステップ。

「私がもし入院したら、お父さんのときのように管だらけになりたくないの。治らない病気だったら、それは断ってね。あなただから伝えておくわ」

「もし認知症になってしまったら、子どもたちに迷惑をかけたくないから、こういう施設に入れてくれていいからね」

といったような話です。

そして3つ目のステップ。

「私が死んだら、葬儀はこういうふうにしてね」

「きょうだいでモメないように、相続はこうしてね」

「あなたにはこれを渡そうと思っているからね」

などといった、なかなか口に出しにくい話が出てくるのです。

このように信頼感のある子どもになっていくのが、遠回りのようで実は相続対策を進めるポイントなのです。

目先の費用と手間を甘く見てはいけない

相続をしたとき、登記しなければならないという法律はありません。一次相続の際、登記費用がかかったことなどからつい億劫になり、そのままにしておく方もいます。しかし、二次相続が起きてからでは遅いのです。

二次相続が起こる前、母親が元気なうちに土地の権利を確保するために、法律事務や登記費用を節約しないことです。

最近「地面師（じめんし）」をめぐる事件が話題になりましたね。背後にはかなり込み入った組織や役割があることもわかりました。

地面師とは、他人になりすまして無断で土地を売買する人のことをいいます。名義変更していない土地を狙い、本人を証明するためのパスポートや住民票などを偽造して、所有者になりすますのです。

このような地面師に狙われないためにも、手間やお金はかかっても、相続登記（名義変更）をきちんとしておくことが大切です。所有者がなくなったらそのままにせず、所有権の移転登記をしましょう。それしか方法はありません。

一次相続と二次相続のあいだに、未決着な相続は親に頼んで決着をつけてもらいましょう。一次相続のときの遺産分割協議がうまくいっていないとか、分割協議を口ではしたものの、まだ登記をしていないということがあると、あとで「いった」「いわない」とモメることになる場合もあります。

そうしないと、あとで膨大な金額を損してしまうこともあるのです。

コラム

相続の流れが変わる⁉ マネーフォワードME

マネーフォワードMEという家計簿アプリをご存じでしょうか。

自分の預金口座を登録すると、自動的に銀行口座の入出金やクレジットカードの利用履歴などの情報を一元管理できるもので、非常に便利です。

情報はパソコンでも見ることができ、漏洩（ろうえい）しないように暗号化されています。基本的なサービス料は無料です。

このアプリの構造は、今後の相続対策にも大きな影響を与えると思われます。

例えば医師である父親が亡くなります。そして医師である息子が引き継ぐとしましょう。すると税務署は父親の預金口座をすべてチェックします。そこで息子や娘に財産が移っていることはよくあります。これを名義預金といいますが、わかりやすくいうと、息子や娘の名前にはなっているが、実は父親の預金や母親の預金だったというものです。それを調査するのが税務署の役目です。

では、私たち税理士は何をするかというと、税務署がそこに注目するのはわかっていますから、預金通帳を見て、大きな支出がないか、これくらいなら贈与税があったという理屈で通るでしょう、あるいはこんなに大金だと相続財産と認定されますよ、といったことを区分けして申告するわけです。

今まで私たち税理士は、それを通帳や帳簿を目で見て追いかけていました。ところが、このマネーフォワードMEを使えば、それが自動的にできてしまいます。亡くなった人のIDとパスワードがあれば、それが可能となります。

とはいえ、現状は80代、90代の人がマネーフォワードMEを駆使していることはまずないでしょうから、現実的ではありません。しかし、60代くらいの相続人はもう使っている人もいるでしょう。ですから、この方々が亡くなる20年後、30年後はマネーフォワードMEを使った財産のチェックが現実的になるのは間違いありません。

今の段階では、まだ財産の登録はマンションしかできませんが、そのうちすべての財産の登録ができるようになるのではないでしょうか。現に「Fortune Pocket」というアプリでは、土地もマンションも住所の町名と面積と築年数を入れるだけで、連携して財産価値が自動的にわかるようになっています。

マイナンバーも同じことを目的にしようとしています。マイナンバーは2015年10月から番号が通知され、翌年1月から社会保障、税金、災害対策の分野で利用がはじまりました。

さらに2018年1月からは、預金情報へのマイナンバーの紐付けが任意ではじまりました。現状は任意ですが、2021年には強制となる見込みです。

そうなると、マイナンバーがわかれば、相続人の預金情報がわかることになります。

ところが、今やITのスピードは予想を超えています。マネーフォワードMEがより進化することにより、国が推し進めるマイナンバーの動きよりも早く、市販のシステムであるマネーフォワードMEを利用した財産管理の方法が普及するかもしれません。

※ここで紹介している情報は2018年12月現在のものです。

第5章

「親の幸福を相続していく」ということ

目には見えない財産——

いい相続とは「税金が安いこと」ではない

本書の最終章として、「いい相続」とは何か、「幸せな相続」とは何かについてお話ししていきましょう。幸せな相続については、レガシィの代表である天野隆の考え方としてお話しさせていただきたいと思います。

「幸せな相続」というと、きれいごとに聞こえてしまうかもしれませんが、単純に「幸せな相続」と「不幸な相続」があるという意味ではありません。

私たちは相続を通して、幸せを感じる方が多くいらっしゃることを目の当たりにしています。それはまさに、「親の幸福を相続していく」という姿でした。

これは医師に限ったことではありませんが、相続のゴールは税金を安くすることだけではありません。税理士にこの話をすると、ほとんどは最初はキョトンとします。

それも当然です。お金を扱い、税金を安くするのが仕事と思われている税理士が、それだけではない、と言い切っているのですから。

もちろん、税金が安くなることは当人にとっては喜ばしいことですし、幸せなことであるといえるでしょうから、否定はしません。

ただ、私たちが特に相続税を専門に扱っていることもあるかもしれませんが、お客様の希望は税金のことだけではないことを知っています。

幸せには2種類あります。

1つは金銭やもの、地位や名誉といったもの。もう1つは健康と心、平和な環境といったようなものです。

前者は継続しない幸せであり、後者は長続きする幸せといえるのかもしれません。このことは、後述しますが、慶應義塾大学の教授である前野隆司先生が著書で述べています。

相続もこれと同じではないでしょうか。

相続するのはお金やものはもちろんですが、これは長続きするものではありません。一方で、健康や心持ちを相続することが、長続きする幸せにつながるのではないかと思うのです。

相続人の側、つまり財産をもらう側の子どもから見ると、幸せな相続につながるのが、生まれてきたことへの喜びです。子どもが親に、「生まれてきたことを感謝する」。これは親にとっては一番うれしいことなのではないでしょうか。

親のほうから相続対策を申し出るケースは決して多くはないのですが、そのような人には1つの特徴があるようです。

親御さんのほうの共通項は、「自らが幸せである」ということでした。子どもとの関係がピッタリと近いというわけでもなく、遠いという関係でもない、ほどよい距離感を保たれていました。

つまり親子関係がいいのです。

医師である、ある親御さんに、

「なぜ相続対策を自らされる気になったのですか?」

と聞くと、同じく医師である息子さんに聞かれてうれしかったことがあったそうです。

「長いあいだ医者という職業をしてきて、一番大切なことは何?」

「一番失敗したと思ったことは何? 失敗しないためにはどうすることが大事?」

「長いあいだ医者を続けてこられた理由は?」

同業の息子さんに聞かれた親御さんは、とてもうれしかったようです。こんなことを聞かれたら、親としては最高に幸せですよね。親は子どもに何かしてあげようと自然に思えるようになり、結果として幸せな相続につながります。

医師という仕事を継いだ息子さんが、父親に感謝の意味も込めて尋ねたのです。

何の狙いもなく感謝の意を伝えた息子さん。きっといつか、父親の「長続きする幸せ」も相続できるに違いありません。

相続人と被相続人の幸せは、相互の人間関係で決まるのではないでしょうか。相続したお金の多寡(たか)で決まるわけではない、つまりたくさんの財産を相続した人が幸せ、少ない人が不幸せとは、一概にはいえないのではないか、ということです。

「平等な相続」「損しない相続」を目指さない

「平等な相続」を意識しすぎると、幸せな相続からは遠ざかってしまいます。

特に医師の相続では、医師と医師でない子どもの相続をどうするか、それが大きな問題になってきます。

医師と医師でない子どもを並べて「平等に」ということが、そもそも無理なのです。医師である子どもには、財産や医院の土地、医療機器などの「基盤」はどうしても必要になります。

でもここで、医師である子どもは得、医師でない子どもは損、という考え方を持ってしまうと、相続する側もさせる側も、両者ともにたちまちストレスを感じ、不幸せになってしまいます。

ここでわかりやすくひと言だけアドバイスするとすれば、「〝損しない相続〟を意識しないほうがいい」ということでしょう。

特に相続する子ども側から見て、「損するといけないから○○をやっておいてね」という言葉は禁句です。なぜなら、これを解釈すると「お父さん、死ぬ前に私が損しないようにやっておいてよ」ということになるからです。考えてみれば、ひどい話ですよね。それもお父さんが所有している財産に対していってているわけですから。

また、兄弟姉妹を比較しても、誰も幸せにはなれません。「比較」というのがキーワードで、人間というものは「比較」した瞬間に、幸せから遠ざかってしまうものです。

「勝ち組」「負け組」という言葉は好きではありませんが、「勝ち組」はさらに勝ちたくなって幸せから遠ざかり、「負け組」はひがんだり腹を立てたりして幸せから遠ざかります。優越感も劣等感も表裏一体で、いずれも比較することがストレスになってしまうのです。比較するなら人ではなく、なりたい自分と比較したいものです。

実際、長年相続を見てきて痛感することがあります。

それは、結局は「損して得とれ」ではありませんが、損得を考えない人が、結果的に幸せになっているということなのです。

「幸福を相続する」という考え方

最近、素晴らしい本に出会いました。それが先に触れた慶應義塾大学教授である前野隆司先生の『幸せのメカニズム』（講談社現代新書）という本です。

代表社員税理士の天野が、この本を読んで、幸せとは何かを考え、幸せな相続と結びつけた考え方についてお話ししたいと思います。

前野教授は、幸せについて研究され、体系的な幸福学として科学的に明らかにしようとしたのです。そして幸福を明快に因子として分析され、次のように４つの因子として説明しています。これを天野が相続に絡めて解説します。

●第一因子「やってみよう！」因子（自己実現と成長の因子）

第一因子「やってみよう！」因子（自己実現と成長の因子）は、コンピテンス（私は有能である）、社会の要請（私は社会の要請に応えている）、個人的成長（私のこれまでの人生は、変化、学習、成長に満ちていた）、自己実現（今の自分は「本当になりたかった自分」である）に関係した因子です。

（以下、『幸せのメカニズム』より引用）

これを医師の相続で解釈しましょう。自分のこれまでの人生にとっての「自分らしさ」

を理解してくれて、尊敬してくれて、参考にしてくれる存在がわが子であったら、親にとってこれほど幸せでうれしいことはないのではないでしょうか。

それが前項でお話ししたように、子どもが医師である親に、医師としてのコツを聞くことではないかと思うのです。子どもが「やってみよう」という意識を持って聞き、親はその経験談を聞かれるということ。

誰でも成長しようとしている後輩にコツを聞かれるのは、うれしいことですね。それが子どもから親に対してであれば、なおさらではないでしょうか。

> 幸せな相続の結論１「親にコツを聞く」
> 自分らしさを生かして、親に人生の先輩としてコツを聞いてみる

●第二因子「ありがとう！」因子（つながりと感謝の因子）

第二因子は、「ありがとう！」因子（つながりと感謝の因子）。人を喜ばせる（人の

喜ぶ顔が見たい）、愛情（私を大切に思ってくれる人たちがいる）、感謝（私は、人生において感謝することがたくさんある）、親切（私は日々の生活において、他者に親切にし、手助けしたいと思っている）などの要素から成ります。

人間の悩みのほとんどは人間関係です。ですから1人のほうがずっと幸せ、と考える人もいるかもしれません。しかし、やっぱり1人でいると人恋しいですし、人とつながっていないと寂しいものです。

ありがとう因子で面白いと思うのは、「感謝される人」ではなく「感謝できる」人が幸せだということです。

相続においては、感謝の視点で親を見ることが大切です。

親の視点からすると「自分を大切にしてくれる子どもには相続対策をしてもいい」となりますが、実際のところなかなかそうはいきません。そこで視点を「子どもから感謝する」に変えてみます。

人は誰でも1人残らず、父親と母親がいます。両親がいなければ、自分という人間はこの世に生まれてこないのです。これは消しようのない事実ですね。さらにさかのぼれば祖父母、もっとさかのぼって30代さかのぼると、5億3600万人の先祖がいないと自分という人間は生まれていないのだそうです。そこに誰1人欠けても、あなたは存在しないのです。

私はいつも相続の専門家としてこのことに思いを馳せます。まさに自分が存在しているのは奇跡的なことなのです。そう思うと、もう先祖に感謝しかありません。

親に感謝する話は、これまでもしてきましたが、ここでいいたいのはテクニック的な話ではありません。「相続って何?」と思うときに、親に感謝をすることができると、親はうれしくなりますから親子関係がよくなりますね。そして親子の年代の違いによる心のギャップの距離が縮まります。

一方で、信頼関係が失われ、「子どもが私のお金を狙っているのではないか。だからそんな子どもに相続対策をする必要はない!」という人もいます。順番からいえば、まず子どもが親に感謝するのが先です。信頼関係が失われた親子のあいだには、感謝の気持ちはまったくないのかもしれません。

幸せな相続の結論2「感謝の視点で親を見る」

すると、さらに感謝したくなるような出来事が起こる

●第三因子「なんとかなる!」因子(前向きと楽観の因子)

第三因子は、「なんとかなる!」因子(前向きと楽観の因子)でした。楽観性(私はものごとが思い通りにいくと思う)、気持ちの切り替え(私は学校や仕事での失敗や不安な感情をあまり引きずらない)、積極的な他者関係(私は他者との近しい関係を維持することができる)、自己受容(自分は人生で多くのことを達成してきた)と関連した因子です。

前野教授は「年齢を重ねるほどに楽観的になれる」と書かれています。年をとるとともに脳の働きが変化し、細かいことが気にならなくなります。これを記憶力が落ちたなどといわずに楽観的になったと解釈するのです。

医師は難関の国家試験に合格し、患者さんたちから「先生」と呼ばれる立場です。見方を変えれば、仕事を通して素晴らしい経験値を持っていらっしゃるのですから、「なんとかなる!」因子を意識しやすいのではないでしょうか。

心配しなくても相続税は払えますし、面倒な手続きは税理士がおこないます。だからなんとかなる！ のです。年齢を重ねても仕事も続けられますし、趣味も続けられます。そう思えば、医師という職業は幸せそのものではないでしょうか。

幸せな相続の結論3「相続はなんとかなる！」
　相続の心配をするより、生きているうちに親にしてあげられることを考えたほうがいい

●第四因子「あなたらしく！」因子（独立とマイペースの因子）

幸せの第四因子は、「あなたらしく！」因子（独立とマイペースの因子）でした。社会的比較志向のなさ（私は自分のすることと他者がすることをあまり比較しない）、制約の知覚のなさ（私に何ができて何ができないかは外部の制約のせいではない）、自己概念の明確傾向（自分自身についての信念はあまり変化しない）、最大効果の追求（テレビを見るときはあまり頻繁にチャンネルを切り替えない）に関係しています。

ある医師に聞いた話ですが、大学病院に勤務していた頃は、出世した・しない、飛ばされた・飛ばされないなど、常に他者と比較をしていたものの、開業医になってからはそれぞれの道に進み、あまり比較しなくなるのだそうです。比べるとすれば、開業医同士でゴルフに行ったときの車種くらい……というのは冗談ですが、このような開業医の「比べない」精神で相続と向き合えば、幸せな相続につながるのではないでしょうか。

あなたらしく相続するとは、自分の向かっている方向を考えながら、遺産分割をすることです。つまり、ここでモメて話をこじらせることは自分の本意ではない、自分の向かっている方向を目指して進むことを考えたら、ここでトラブルを起こしている場合ではない、と考えるのです。すると、「まあ、いいか」という気持ちになってきます。

腹は立つけど、こだわらない、といえばいいでしょうか。トラブルを起こす人と向き合えば、そのようなことが自分にも起こり、自分の人生もおかしくなってしまいます。

ですからきょうだいとも比較しない。本書でも触れたように、きょうだいは最大の利害関係者ではありますが、比較するものではない、と割り切ります。

「妹は結婚式であんなにお金を出してもらったのに」

「兄貴は留学してお金を出してもらったじゃないか」

「弟は親にあれだけ迷惑をかけたのに、なんで頑張った俺には贈与が少ないんだ」

人は身近な存在であるほど比較してしまうものです。

でもあなたはあなた。自分らしく、自分の目標や行きたいところに向かっていきましょう。

幸せな相続の結論４「きょうだいは最大の利害関係者だが、比較対象者ではない」
あなたらしく、オンリーワンで。腹が立ってもこだわらない

一番大切な相続財産は目に見えない

前に、相続とは、字の通り「相（すがた）を続けること」だと述べました。

特に医師の相続ではこれが大きな意味を持ってきます。

親から子どもに受け継がれていくときに、子どもが医師となっても、親とは違う診療科として引き継ぐかもしれません。また、病院を改装したり、時代に合わせて移転をするといっ

たこともあるかもしれません。

でも親の「相（すがた）を続ける」という意識を子どもが持つこと、そして親はそれを子どもにつないでいくことが大切なのではないでしょうか。

親から子どもに受け継がれていくものは、目に見える財産よりも、目に見えない「信用、社会貢献、生き方」であるべきでしょう。

税金が安くなる相続と幸せな相続は、イコールではないはずです。それは資産家である医師の相続であるからこそ、真実である気がしてなりません。

世の中「節税、節税」ばかりいいがちですが、いくら節税の知識を持っていても、その前の心構えがなければ、何も意味をなさないのではないでしょうか。

私たち「相続の専門家」として、「数字で表現できる相続」と「感情で表現できる相続」があるということを、ぜひ皆さんに心に留めておいていただきたいと思います。

参考文献

『幸せのメカニズム』前野隆司（講談社現代新書）
『改訂版　医療法人の設立・運営・承継・解散』医業経営研鑽会（日本法令）
『医師のための節税読本』西岡篤志（日本医事新報社）
『税理士のための医業顧客獲得法』西岡秀樹、近藤隆二、中島由雅、小山秀喜著／医業経営研鑽会編（中央経済社）
『これで安心！　院長先生の医業承継と相続税対策【改訂版】』税理士法人アフェックス編著／町山三郎、金子尚貴監修（税務経理協会）
『やってはいけないキケンな相続』税理士法人レガシィ（角川新書）
『改訂版　はじめての相続・遺言100問100答』天野隆、天野大輔著／税理士法人レガシィ編著（明日香出版社）

税理士法人レガシィ／株式会社レガシィ
〒100-6806
東京都千代田区大手町1-3-1　JAビル
電話：03-3214-1717　FAX：03-3214-3131

著者紹介

税理士法人レガシィ

累計相続案件実績日本一であり、専門ノウハウと対応の良さで紹介者から絶大な支持を得ている、相続専門の税理士法人。公認会計士、税理士のほか、宅地建物取引士を含め、グループ総数1131名を超えるスタッフが、銀行・不動産の名義変更から相続税申告まで、すべての相続手続きをワンストップで対応する。おもな著書に『ひと目でわかる！　図解「実家」の相続』『やってはいけない「長男」の相続』（小社刊）などがある。

相続専門税理士のデータ分析でわかった！
開業医の「やってはいけない」相続

2019年2月5日　第1刷

著　者　税理士法人レガシィ

発行者　小澤源太郎

責任編集　株式会社　プライム涌光
電話　編集部　03(3203)2850

発行所　株式会社　青春出版社
東京都新宿区若松町12番1号 〒162-0056
振替番号　00190-7-98602
電話　営業部　03(3207)1916

印　刷　中央精版印刷　　製　本　大口製本

万一、落丁、乱丁がありました節は、お取りかえします。
ISBN978-4-413-23114-5 C0032